Marcus Vinícius Fonseca
Carolina Mostaro Neves da Silva
Alexsandra Borges Fernandes
(Orgs.)

RELAÇÕES ÉTNICO-RACIAIS e EDUCAÇÃO NO BRASIL

MAZZA
edições

COLEÇÃO PENSAR A EDUCAÇÃO, PENSAR O BRASIL
SÉRIE SEMINÁRIOS

Coordenação
Maria do Carmo Xavier

Capa
Túlio Oliveira

Revisão
Lourdes Nascimento
Ricardo José dos Santos Neto

Projeto Gráfico e diagramação
Anderson Luizes

Produção Gráfico-editorial
MAZZA EDIÇÕES LTDA.
Rua Bragança, 101 – Pompeia
30280-410 BELO HORIZONTE – MG
Telefax: + 55 (31) 3481-0591
email: edmazza@uai.com.br
site: www.mazzaedicoes.com.br

R382 Relações étnico-raciais e educação no Brasil / Marcus Vinícius Fonseca, Carolina Mostaro Neves da Silva, Alexsandra Borges Fernandes, organizadores. – Belo Horizonte : Mazza Edições, 2011.

216 p. : 14x21cm – (Pensar a Educação Pensar o Brasil)

ISBN: 978-85-7160-545-9

1. Educação - Brasil. 2. Relações étnicas – Educação. I. Fonseca, Marcus Vinicius. II. Silva, Carolina Mostaro Neves da. III. Fernandes, Alexsandra Borges. IV. Série.

CDD: 370.19342
CDU: 37.017

SUMÁRIO

APRESENTAÇÃO

Os seminários do projeto "Pensar a Educação, Pensar o Brasil" configuram-se como espaço de reflexão que já pode ser contabilizado como um importante elemento da agenda de debates sobre a educação brasileira. Esses eventos ocorrem na Faculdade de Educação da UFMG e têm como característica a escolha de um tema que é tratado em conferências mensais, que ocorrem ao longo do ano, com o objetivo de promover discussões sobre questões relevantes à educação no país. O primeiro seminário aconteceu em 2007 e teve como tema os intelectuais e a escola pública; no ano seguinte, o tema escolhido foram as reformas da escola pública no Brasil.

A reflexão e a defesa da escola pública como uma instituição imprescindível ao processo de consolidação da democracia têm sido uma das marcas desse evento. Foi em função disso que, em 2009, os seminários do projeto "Pensar a Educação, Pensar o Brasil" trataram das relações étnico-raciais e da educação. Este tema tem mobilizado os debates educacionais, colocando foco em novos sujeitos e novas práticas educativas, na expectativa de minimizar a discriminação racial e o preconceito em nossas escolas. As discussões sobre o assunto vêm sendo delineadas pela compreensão cada vez mais ampla acerca da necessidade de o campo educacional admitir a diversidade étnico-racial como elemento constitutivo do seu processo de configuração, possibilitando a valorização plena dos diferentes sujeitos que compõem a sociedade brasileira. Nota-se, assim, o esforço em debater as diferenças étnico-raciais no âmbito da escola, mas também de torná-la um espaço privilegiado para a reflexão e a valorização dessas diferenças.

Os seminários de 2009 procuraram destacar esses elementos e foram organizados a partir de uma tentativa de delimitação das demandas apresentadas pelos diferentes grupos ao campo representado pela educação. Dessa forma, foram reunidos pesquisadores de vários campos do conhecimento convidados a estabelecer considerações e análises sobre a educação e suas relações com a diversidade étnico-racial.

A característica mais marcante desses semanários que agora vem a público por meio deste livro é a variedade de sujeitos, pois as conferências foram construídas a partir de análises sobre grupos como negros, imigrantes e índios. Também é preciso destacar a diversidade metodológica que compõe as abordagens que resultaram nesta publicação que foram elaboradas através de análises que se situaram em diferentes campos do saber, como a história, a antropologia e a sociologia. A pluralidade de sujeitos e análises culminou na construção de um quadro geral acerca dos desafios da educação contemporânea.

É nesta perspectiva que se inscreve o texto que abre este livro: "Aprender, ensinar e relações étnico-raciais no Brasil". Nele, a pesquisadora Petronilha Beatriz Gonçalves e Silva trata dos processos de ensinar e de aprender em meio a relações étnico-raciais. O artigo chama a atenção para as tramas históricas que envolvem o fazer pedagógico, apontando a superioridade racial historicamente atribuída aos brancos e a dificuldade de aceitação da diversidade étnica e cultural que cria entraves para o ensino de história e cultura afro-brasileira e também da cultura africana. Destaca também a complexidade dos processos de ensinar e aprender em sociedades multiétnicas e pluriculturais, o que implica não reduzir essa diversidade a questões de ordem socioeconômica. A autora tem como expectativa contribuir para a desconstrução da crença de que o Brasil é uma democracia racial e para a superação das práticas pedagógicas que têm reforçado a equivocada ideia de monoculturalismo na sociedade.

No texto "Diversidade étnico-racial: por um projeto educativo emancipatório", a pesquisadora Nilma Lino Gomes traz como tema a paulatina mudança na educação brasileira em relação às questões que envolvem a população negra do Brasil. Tomando como ponto de partida a Lei nº 10.639/03, a autora destaca que, não obstante as iniciativas de formação docente voltadas para a diversidade étnico-racial, a questão ainda ocupa lugar secundário nos currículos dos cursos de licenciatura e pedagogia. Isso ocorre, segundo a autora, como consequência do predomínio da noção que considera o conhecimento científico/acadêmico como a única forma legítima de saber. Defendendo a legitimidade dos saberes produzidos nas dinâmicas sociais, sobretudo nos movimentos sociais, ela aponta o Movimento Negro Brasileiro como principal responsável por discussões e projetos que colocam na ordem do dia medidas para a superação das desigualdades raciais.

No artigo "Educação e controle em relação à população negra de Minas Gerais no século XIX", Marcus Vinícius Fonseca elabora uma análise histórica para abordar a escolarização da população negra e suas relações com a política que estabeleceu a obrigatoriedade da instrução elementar em Minas Gerais, na primeira metade do século XIX. O pesquisador mostra essa obrigatoriedade como parte de um projeto cujo objetivo era civilizar a população mineira, composta majoritariamente por negros. Assim, aponta a existência de relações entre o perfil racial das escolas mineiras e a necessidade de colocar em circulação elementos considerados fundamentais para a civilização do povo. Por fim, remete esta questão à atualidade, procurando destacar a permanência de um projeto civilizatório como algo que é característico da educação brasileira no seu processo de produção ao longo dos séculos XIX e XX.

No artigo "Pensar a educação, pensar o racismo no Brasil", o pesquisador Luiz Alberto Oliveira Gonçalves apropria-se do título das conferências do projeto "Pensar a Educação, Pensar o Brasil" para propor uma reflexão que tem suscitado debates em diferentes esferas sociais: o racismo e a educação. Diante da complexidade da questão, o autor opta por retomar debates historiográficos acerca da escolarização dos negros no século XIX e princípio do XX, indicando a ausência de crianças classificadas como pretas ou pardas no ensino primário das décadas iniciais da República. Gonçalves recupera o papel do movimento negro no combate à desigualdade racial e ao racismo, apontando-o como protagonista no estabelecimento de políticas de ações afirmativas para os negros. O autor traz ainda uma importante reflexão sobre os desafios que o movimento negro precisa enfrentar no campo da educação, abordando temáticas em torno das quais há grande polêmica, como a obrigatoriedade do ensino de história e cultura afro-brasileira na educação básica e a adoção de cotas para negros nas universidades públicas.

A caracterização dos diferentes sujeitos envolvidos no processo de construção da sociedade brasileira ganha uma abordagem específica no artigo "Educação e pensamento indígena: da alfabetização aos territórios etnoeducacionais", de Rubem Caixeta de Queiroz. A análise de caráter etnográfico é mobilizada para abordar diversas experiências de escolarização indígena. Assim, traz narrativas que apontam tanto situações de demanda quanto de resistência dessas sociedades ao aprendizado escolar, mostrando um processo permeado por contradições relativas à preservação e à transformação das tradições, o respeito ao conhecimento dos antepassados e à aquisição de novos conhecimentos, e que, portanto, envolve aquisições e perdas consideráveis. Das experiências de escolarização encabeçadas por missões evangelizadoras à criação dos "Territórios etnoeducacionais" no interior do Ministério da Educação, o autor traz a expectativa de que "a escola indígena" e os "educadores indígenas" possam alcançar o objetivo de ressignificar a tradição nativa e, ao mesmo tempo, apropriar/transformar a técnica e o conhecimento ocidental.

O texto "Escolas de imigrantes no Brasil", de Lúcio Kreutz, completa o quadro de tratamento da diversidade, instigando a reflexão sobre experiência de escolas étnicas no Brasil durante a primeira metade do século XX. O tema central é a história das instituições de ensino criadas por imigrantes após o processo de abolição do trabalho escravo, período em que houve políticas de incentivo à vinda de estrangeiros para o país. O autor apresenta dados numéricos sobre os principais grupos étnicos de imigrantes e suas respectivas escolas, indicando as localidades em que foram criadas. Aponta ainda o envolvimento das igrejas cristãs (Católica e Luterana) com a manutenção dessas escolas, no contexto de formação do Estado Nacional brasileiro, no qual houve tensões entre a afirmação do laicismo e a ação das confissões religiosas em âmbito escolar. Por fim, Kreutz trata do término dessas escolas, analisando a proposta de uniformização cultural que teve seu ápice durante o Estado Novo. Assim, os dados e as informações que apresenta contribuem significativamente para os debates e as pesquisas sobre os processos de escolarização e as formas de tratamento da diversidade na primeira metade do século XX.

É a partir desse amplo espectro envolvendo diferentes grupos e múltiplos processos de análises que pretendemos colocar os leitores deste livro em contato com os debates sobre as relações étnico-raciais e a educação, pois estamos certos de que não há como pensar a educação e pensar o Brasil sem que a diversidade seja elemento central desta reflexão. Boa leitura!

1. APRENDER, ENSINAR E RELAÇÕES ÉTNICO-RACIAIS NO BRASIL[1]

por PETRONILHA BEATRIZ GONÇALVES E SILVA

Exigências éticas, epistemológicas, pedagógicas desencadeadas pela implantação das Diretrizes Curriculares Nacionais para o Ensino de História e Cultura Afro-Brasileira e Africana (BRASIL, 2004a, 2004b) instigam conhecer, esquadrinhar condições, contextos, redes de relações em que as mulheres e os homens, ao longo da história da nação, vêm aprendendo e ensinando a exercer cidadania.

Ciente das desigualdades e discriminações que atingem a população negra, convicto de sua função mediadora entre o Estado, sistemas de ensino e demandas da população na sua diversidade social, étnico-racial, o Conselho Nacional de Educação (CNE) interpretou as determinações da Lei nº 10.639/2003, que introduziu, na Lei nº 9.394/1996 – das Diretrizes e Bases da Educação Nacional – a obrigatoriedade do ensino de História e Cultura Afro-Brasileira e

[1] Originalmente publicado em: *Educação*, Porto Alegre, ano XXX, n. 3 (63), p. 489-506, set./dez. 2007.

Africana. E, ao orientar a execução das referidas determinações, colocou, no cerne dos posicionamentos, recomendações, ordenamentos, a educação das relações étnico-raciais. Desta forma, configurou política curricular que toca o âmago do convívio, trocas e confrontos em que têm se educado os brasileiros de diferentes origens étnico-raciais, particularmente descendentes de africanos e de europeus, com nítidas desvantagens para os primeiros (HENRIQUES, 2001; JACCOUD, 2002; PAIXÃO, 2006).

As Diretrizes Curriculares Nacionais para o Ensino de História e Cultura Afro-Brasileira e Africana, nos termos do Parecer CNE/CP nº 3/2004 (BRASIL, 2004a) e da respectiva Resolução CNE/CP1/2004 (BRASIL, 2004b), estabelecem a educação das relações étnico-raciais como um núcleo dos projetos político-pedagógicos das instituições de ensino de diferentes graus e como um dos focos dos procedimentos e instrumentos utilizados para sua avaliação e supervisão. Dizendo de outro modo, ao se avaliar a qualidade das condições de oferta de educação por escolas e universidades, tem-se, entre os quesitos a observar, a realização de atividades intencionalmente dirigidas à educação das relações étnico-raciais.

Salienta, o referido texto legal, que o processo de educar as relações entre pessoas de diferentes grupos étnico-raciais tem início com mudanças no modo de se dirigirem umas às outras, a fim de que desde logo se rompa com sentimentos de inferioridade e superioridade, se desconsiderem julgamentos fundamentados em preconceitos, deixem de se aceitar posições hierárquicas forjadas em desigualdades raciais e sociais.

A educação das relações étnico-raciais tem por alvo a formação de cidadãos, mulheres e homens empenhados em promover condições de igualdade no exercício de direitos sociais, políticos, econômicos, dos direitos de ser, viver, pensar, próprios aos diferentes pertencimentos étnico-raciais e sociais. Em outras palavras, persegue o objetivo precípuo de desencadear aprendizagens e ensinos em que se efetive participação no espaço público. Isto é, em que se formem homens e mulheres comprometidos com e na discussão de questões de interesse geral, sendo capazes de reconhecer e valorizar visões de mundo, experiências históricas, contribuições dos diferentes povos que têm formado a nação, bem como de negociar prioridades, coordenando diferentes interesses, propósitos, desejos, além de propor políticas que contemplem efetivamente a todos.

Por isso a educação das relações étnico-raciais deve ser conduzida, tendo-se como referências os seguintes princípios (BRASIL, 2004b, p. 17): "consciência política e histórica da diversidade; fortalecimento de identidades e de direitos; ações de combate ao racismo e a discriminações".

Para desencadear, executar, avaliar processo de educação das relações étnico-raciais é preciso que se compreenda como processos de aprender e de ensinar têm se constituído, entre nós, ao longo dos 511 anos de história de formação da nação.

É sabido que aprender-ensinar-aprender, processo em que mulheres e homens ao longo de suas vidas fazem e refazem seus jeitos de ser, viver, pensar, os envolve em trocas de significados com outras pessoas de diferentes faixas etárias, sexo, grupos sociais e étnico-raciais, experiências de viver. Tratar, pois, de ensinos e de aprendizagens é tratar de identidades, de conhecimentos que se situam em contextos de culturas, de choques e trocas entre jeitos de ser e viver, de relações de poder.

Nós, brasileiros oriundos de diferentes grupos étnico-raciais – indígenas, africanos, europeus, asiáticos –, aprendemos a nos situar na sociedade, bem como o ensinamos a outros e outras menos experientes, por meio de práticas sociais em que relações étnico-raciais, sociais, pedagógicas nos acolhem, rejeitam ou querem modificar. Deste modo, construímos nossas identidades – nacional, étnico-racial, pessoal –, apreendemos e transmitimos visão de mundo que se expressa nos valores, posturas, atitudes que assumimos, nos princípios que defendemos e ações que empreendemos.

Estes complexos processos, na nossa experiência brasileira, se desenvolvem com a finalidade de manter ou superar projeto de nação racializado, no qual, conforme Seyferth (2002, p. 36), não há espaço para negros, indígenas e mestiços, classificados ao longo dos séculos, cada vez com maior sutileza, como pertencentes a *raças bárbaras*. Contraditoriamente, salienta a referida autora, "aspectos significativos de suas culturas têm sido incorporados como expressões da cultura popular singular necessária ao princípio da nacionalidade". A nação brasileira se projetou branca, conforme mostram proposições e argumentos de Romero (1943) e Vianna (1938); por isso, explica Seyferth (2002, p. 37), a migração europeia teve entre seus objetivos "o clareamento da população (que também significa ocidentalização), supondo-se que, num processo histórico de mestiçagem, fossem prevalecer as características da 'raça branca'".

Fortalecida por políticas desta natureza, se estabelece, no Brasil, a branquitude como norma inquestionável, da mesma maneira que em outras sociedades que tentam se universalizar como brancas e, portanto, herdeiras do mundo ocidental europeu. É o que apontam estudos como os de Tatum (2003, p. 93), em relação à experiência estadunidense, e os de MacDonald (2006), no que diz respeito à sul-africana. Neste sentido, de acordo com Bento (2002, p. 48), ao discutir racialidade e produção de conhecimentos, em nosso país:

> É oportuno salientar que *branquitude* é o reconhecimento de que raça, como um jogo de valores, experiências vividas e identificações afetivas, define a sociedade. Já *raça* é uma condição de indivíduo e é a identidade que faz aparecer, mais do que qualquer outra, a desigualdade humana. (grifo meu)

Estudos como os de Piza (2000 *apud* BENTO, 2002, p. 49) e de Tatum (2003, p. 93-95), realizados em contextos diferentes, são esclarecedores quando mostram que pessoas brancas não costumam sentir-se pertencentes a um grupo étnico-racial, ou dão pouca atenção para sua identidade racial, uma vez que ser e viver como brancos é a norma aceita pela sociedade. Segundo Piza (2000 *apud* BENTO, 2002, p. 49), "aspectos da atitude branca - neutra, não reconhecível, negada, expurgada do seu potencial político - envolvem séculos de pensamentos e atos racistas". E, no entender de Bento (2002, p. 48), não poderia ser diferente, pois "pessoas criadas numa sociedade racializada têm uma visão de mundo marcada por essa racialidade".

Por tal razão, entre outras, salienta MacDonald (2006, p. 50), embora os cidadãos, com base em determinações legais, sejam iguais na perspectiva do Estado, seguindo a lógica liberal, podem ser desiguais na sociedade. É nesta perspectiva, segundo Schaub (2002, p. 53), que se costuma incentivar alguns "desiguais" a educar-se em níveis superiores de escolarização, a fim de que possam fazer parte de "uma aristocracia no interior da massa social democrática" e que se reforça, junto a eles, "a convicção de que pertencem a uma classe de excelência e de grandeza humana".

Os que se deixam assimilar por essas ideias costumam expressar o sentimento de que seus méritos e qualidades são proeminentes, julgam-se mais persistentes e esforçados do que a maioria dos integrantes do grupo social ou étnico-racial a que pertencem. Assim, não é raro que oriundos de grupos marginalizados pela sociedade, entre eles negros, qualifiquem pessoas de seus grupos de origem como preguiçosos, incompetentes, sem ambição. Revelam, eles, desconhecer, ou conveniência em ignorar, as estruturas e relações que mantêm as desigualdades sociais e étnico-raciais.

Como se vê, é complexa, mas não impossível, a tarefa de tratar de processos de ensinar e de aprender em sociedades multiétnicas e pluriculturais, como a brasileira. Abordá-los pedagogicamente ou como objeto de estudos, com competência e sensatez, requer de nós, professores(as) e pesquisadores(as): não fazer vista grossa para as tensas relações étnico-raciais que "naturalmente" integram o dia a dia de homens e mulheres brasileiros; admitir, tomar conhecimento de que a sociedade brasileira projeta-se como branca; ficar atento(a) para não reduzir a diversidade étnico-racial da população a questões de ordem econômico-social e cultural; desconstruir a equivocada crença de que vivemos em uma democracia racial. E, para ter sucesso em tal empreendimento, há que ter presentes as tramas tecidas na história do ocidente que constituíram a sociedade excludente, racista, discriminatória em que vivemos e que muitos insistem em conservar.

A sociedade brasileira sempre foi multicultural, desde os 1500, data que se convencionou indicar como de início da organização social e política em que vivemos. Esteve sempre formada por grupos étnico-raciais distintos, com cultura, língua e organização social peculiares, como é o caso dos povos indígenas que por aqui viviam quando da chegada dos portugueses e de outros povos vindos da Europa. Também os escravizados, trazidos compulsoriamente para cá, provinham de diferentes nações e culturas africanas conhecidas por pensamentos, tecnologias, conhecimentos, inclusive acadêmicos,[2] valiosos para toda a humanidade. No entanto, esta diversidade não foi e hoje o é, com muita dificuldade, aceita. Fala-se e pensa-se como se a realidade fosse meramente uma construção intelectual; como se as desigualdades e discriminações, malgrado as denúncias e reivindicações de ações e movimentos sociais, não passassem de mera insatisfação de descontentes.

Antes de prosseguir, cabe ilustrar, com texto didático divulgado em escola primária nos anos 1920, um dos meios com que se foram formando e reforçando representações negativas dos marginalizados pela sociedade, no caso os povos indígenas. O trecho citado do livro *História resumida do Brasil: programa completo do primário* (1927) ensinava palavras e atitudes preconceituosas que, em diferentes formas e conotações, ainda se manifestam em nossa sociedade. Sobre os primeiros habitantes do Brasil, assim discorre o mencionado livro:

> O Brasil, antes de ser descoberto não tinha cultura de espécie alguma; não havia villas nem cidades; estava pelo

---

[2] A título de exemplo, cabe mencionar a Universidade de Tombuctu, que, entre outras, funcionou no Mali, do século XIII ao XIX.

> contrário todo coberto de matos e era habitado por numerosas tribus de *Índios* selvagens. (p. 7, grifo original)

Como se teria, enquanto sociedade, chegado a estas compreensões e consequentes posturas?

As ideias e iniciativas dos europeus expansionistas, no século XVI, criaram um sistema cujos valores e objetivos, embora, é claro, com novos contornos, ainda perduram nas relações entre pessoas, grupos sociais e étnico-raciais, entre nações (DUSSEL, 2000). A visão segura de que eram superiores permitiu, aos europeus, consolidar projetos de domínio de civilizações não europeias (LIAUZU, 1992). Por meio da ocupação de terras, da exploração de riquezas, nos diferentes continentes, buscaram transformar povos e suas culturas em constructos europeus (RODNEY, 1981).

Em seus próprios territórios tratavam, os colonialistas, de convencer os demais cidadãos quanto à inferioridade e até mesmo animalidade dos indígenas, africanos e aborígenes. Entre outros recursos, valeram-se dos zoos humanos que, segundo Blanchard (2001), foram comuns na França, Alemanha, Inglaterra, no final do século XIX. Em jardins zoológicos, ao lado das jaulas dos animais, expunham-se "seres exóticos" que, no seu pensar, "até assemelhavam-se a humanos".

No que convencionaram chamar de colônias, tentaram, tendo-o conseguido até certo ponto, desnortear os habitantes que lá estavam quando da sua chegada, fosse pelo extermínio físico, fosse por meio da educação oferecida na nova instituição que introduziram, a escola.

Quanto às consequências da eliminação física de pessoas e comunidades, são contundentes as palavras do Chefe Riruako, relativamente à experiência de povos da Namíbia, durante a colonização alemã, no início do século XX:

> Alguns pensam que somente os mortos foram vítimas. Quando crianças perdem seus pais, esta perda não é sentida apenas pela família e comunidade, mas também pelas gerações que se seguem. Quando um povo é deslocado de seus territórios, perde o sentido de segurança e de pertencimento. Sofre experiências de medo, ansiedade e perde a esperança no futuro. Disto resulta privação de conhecimentos, objetivos e aspirações que poderiam auxiliar a construir o futuro de prosperidade para suas famílias e comunidades. (KUAMBI, 2006, p. 47)

Nas escolas, o convencimento para adesão à visão de mundo, jeito de ser e viver do colonizador era violento. Segundo depoimentos ouvidos de pessoas que cursaram o ensino fundamental entre os anos 1940-1960, no Mali e na Namíbia: as crianças malienses tinham de cantar hinos em que repetiam ser "descendentes dos gauleses"; jovens namíbios, ao dissertarem sobre as características das raças humanas, se viam obrigados, se desejassem aprovação, a salientar que os negros eram "ignorantes por natureza" (SILVA, 2003, p. 190). Da mesma forma, na Nigéria, de acordo com Adeyinka Olanrewaju (2006), nas escolas considerava-se uma ofensa os alunos se manifestarem na língua de seus povos e, se o fizessem, eram punidos. Lamentável é constatar, salienta o referido autor, que ainda hoje, em estabelecimentos do ensino secundário, a norma persiste. Estes fatos levam a concluir que os tormentos do passado de escravidão e colonialismo ainda são perceptíveis na

África, conforme observa Kaké (1998, p. 27), ao defender a necessidade do conhecimento e estudo dessas formas de relações entre povos.

No Brasil, os povos indígenas, primeiramente nas escolas dos jesuítas, mais tarde nas públicas, viram-se constrangidos por tentativas de fazê-los esquecer sua língua, religião, cultura. Segundo Kreutz (1999), no Rio Grande do Sul as primeiras escolas públicas que se criaram destinaram-se a crianças guaranis, que ao se matricularem perdiam seus nomes próprios e passavam a ser chamadas por um nome português. Esperava-se que esquecessem sua cultura, a ponto de adotar o cristianismo e de rejeitar hábitos, costumes, arquitetura de seus povos, passando a preferir o jeito português, dito "mais civilizado".

Cabem aqui parênteses, para lembrar que o conceito de civilização,[3] que se consolida no século XVIII, foi criado pelos europeus para referir-se a suas culturas, ou melhor, à cultura, avaliada por eles próprios como superior, a única civilizada. Conforme ensina Taylor (2000, p. 151), o termo passa a ser usado no plural, quando se admitiu que outros povos também construíam conhecimentos consistentes; mas o plural era e é indicativo de inferioridade em relação à civilização no singular.

---

[3] O substantivo – civilização – surge na França por volta de 1770; designa um certo grau de desenvolvimento, ou seja, o conjunto de aquisições técnicas, sociais e intelectuais que o progresso contínuo da razão teria permitido acumular. A trajetória histórica unilinear que leva a esta etapa é concebida a partir do modelo de formação do indivíduo, a qual é conduzida pela ideia de distância crítica em relação aos dados da natureza ou do meio ambiente. Da mesma forma que o trabalho da educação permite ao homem escapar de sua natureza animal e às ideias recebidas de seu meio, o processo de civilização permite às sociedades se libertarem da prisão do que é próprio ao estágio de selvageria (TAYLOR, 2000, p. 151).

Com justificativas, inclusive reforçadas por argumentos bíblicos e pela meta cristã de salvar todos, propunham, os colonizadores, civilizar povos que tinham costumes, religiões, comportamentos, mentalidades, estranhos do seu ponto de vista de europeus.

Em texto de 1942, Fernando Ortiz, rememorando a chegada de Colombo ao Caribe, destaca o quanto foi valioso, para uns e outros, o encontro de povos tão diferentes. Segundo estima o antropólogo cubano, nativos e espanhóis aprenderam e enriqueceram seus saberes, embora o tenham feito em trocas nada amistosas. Conclui que o "século das luzes" somente foi possível porque os europeus descobriram, nos territórios que ocuparam, culturas distintas das suas e, sobretudo, "modos diferentes de ser humano" (ORTIZ, 1993).

A civilização europeia é, pois, fruto de conhecimentos genuinamente europeus, mas também de outros que se formaram graças à importante contribuição material e simbólica das culturas que colonizaram.

Voltemos às considerações sobre as tentativas de assimilação, por meio da escola, dos povos submetidos política e ideologicamente aos sistemas dos colonizadores europeus. Na experiência brasileira, além do que se passou com os indígenas, deve-se ter presente a situação dos africanos escravizados, de seus filhos e descendentes. A eles foi negada a possibilidade de aprender a ler, ou se lhes permitia, era com o intuito de incutir-lhes representações negativas de si próprios e convencê-los de que deveriam ocupar lugares subalternos na sociedade. Ser negro era visto como enorme desvantagem, utilizava-se a educação para despertar e incentivar o desejo de ser branco. Além de cor da pele, destaca Santos (2000), tratava-se também de lugar a ocupar na sociedade, de poder.

Apesar de medidas para impedir que negros frequentassem bancos escolares, estudos documentais recentes (FONSECA, 2002) vêm mostrando que no Brasil do século XIX escravizados e libertos, pelo menos nas Minas Gerais, tinham algum acesso às letras. Ali, em meados do século XIX, a maioria dos matriculados nas escolas isoladas, ou salas-escolas, estabelecimentos particulares, mantidos por letrados com vocação de ensinar, eram crianças e jovens negros. Estes estudos chamam a atenção para o fato de que à medida que o ensino se tornou público, nas mesmas Minas Gerais, a população negra diminuiu nos bancos escolares. Como se vê, a instrução pública, entre nós, nasce excludente, racista.

A discrepância entre valores proclamados e valores reais da educação brasileira, apontada por Anísio Teixeira (1961) e também por Sander (1977), é persistente ao longo da história. Esta situação não é diferente em outras sociedades ocidentais nos últimos cinco séculos, onde, conforme afirma o pesquisador espanhol Santomé (1997), a escola, embora concebida, nos termos dos textos legais e objetivos pedagógicos, para garantir e divulgar princípios de justiça e igualdade, tem divulgado e reforçado visão unitária e não plural de sociedade. Tem propiciado a formulação de representações que desvalorizam os diferentes, aqueles que não se encaixam nos padrões difundidos pela referida visão unitária. Tem propiciado representações que geram, junto aos diferentes, tidos como não iguais, percepção de inferioridade que lhes seria inata e quase sempre incorrigível.

É claro que sentimentos e percepções de superioridade, inferioridade, relações de imposição e de submissão não se constroem nem única, muito menos primeiramente nas escolas. Relações sociais, de modo notável relações de trabalho, relações étnico-raciais fazem parte da vida das pessoas, tanto pela vivência direta, quanto pela experiência de outros que as expõem em relatos, em recomendações. De acordo com estudos de Lopes (1985), relações de opressão, no Brasil, vêm desde a constituição e exploração da colônia produzindo processos educativos. Nas Minas Gerais, ensina a autora referida, os colonizadores, mantenedores da exploração das minas, com estruturas hierárquicas, modos de tratar, exigências, buscavam garantir o avassalamento, a submissão, a dependência dos colonizados. Empenhavam-se também em instruí-los para se tornarem opressores dos escravizados e assim educá-los para sujeição. No entanto, ressalta a pesquisadora, os colonizados também educavam seus opressores com rebeliões, revoltas, inconfidências, compelindo-os a recuarem, concederem, conformarem-se.

Não se entenda o conformar-se dos colonizadores como acolhimento das lutas dos oprimidos, pois, ainda que cedendo às pressões, não deixavam de interpretá-las como subversão da ordem. Não é, hoje, diferente o sentido atribuído às reivindicações e propostas dos movimentos sociais, por parte dos que assumem valores e atitudes similares aos dos antigos colonizadores. Esperam, dos que consideram subalternos, agradecimentos, gostariam que eles se sentissem em dívida por benefícios recebidos. Tais sentimentos e atitudes levam a considerar os atuais marginalizados pela sociedade, como o foram colonizados e escravizados, "potenciais inimigos que precisam ser vigiados" (CONSCIENTIZACIÓN, 1973).

De certa forma, é nesta perspectiva que pensadores e políticos brasileiros, do final do século XIX e início do XX, entre eles Ruy Barbosa, viam, nas causas dos males que atingiam o Brasil, a "ignorância do povo, grande ameaça contra a existência constitucional e livre da nação" (BARBOSA *apud* VALLE, 1997, p. 51). Por isso pregava a importância do ensino primário obrigatório e insistia na necessidade de impô-lo:

> De que serve, contra a resistência indolente da ignorância, inveterada e satisfeita na cegueira inconsciente, proverdes a que a escola seja acessível a todos, se não adstringirdes todos à necessidade irresistível de aproveitarem as vantagens dessa acessibilidade? (BARBOSA, 1957, p. 35)

No entender de Ruy Barbosa, como de outros intelectuais latino-americanos do mesmo período, a escola era meio para reformar ou eliminar a mencionada ignorância, ou seja, os jeitos de ser, pensar, viver do povo diferentes das autodenominadas elites. Com entendimento semelhante, Varela [1887?], no final do século XIX, formulou um plano educacional para o Uruguai, com o objetivo de que ou bem se assimilavam os indígenas à sociedade, ou se exterminavam estes. Os resultados foram, até certo ponto, eficientes, pois há uns anos, alguns intelectuais uruguaios diziam não haver mais índios no Uruguai. Hoje o movimento indígena, nesse país, mostra o contrário.

Como vimos anteriormente, é nesse clima de não reconhecimento dos diferentes e de tentativas de assimilá-los a padrões europeus ou europeizados, no que nem sempre houve sucesso, que se inventa a diversidade. Em imagens produzidas a partir do século XVI para representar a diversidade, chama a atenção o fato de europeus não estarem representados, ou, se estiverem, ocupam posição privilegiada – primeiro plano, nível de localização mais alto. Mas, se estão localizados no mesmo nível, ocupam o centro da imagem e estão cercados por indígenas, aborígenes, africanos em atitude de adoração, agradecimento, todos distantes de cenas representadas ao fundo, em que os não civilizados engalfinham-se em lutas tidas como selvagens. Nestas representações, os colonizadores portam instrumentos que simbolizam "a civilização": a *Bíblia*, armas de fogo, máquina a vapor (WOOD, 2003).

Ao longo deste texto, é feita a tentativa de mostrar que a diversidade é, como bem argumentam Abramowicz e Silvério (2004, 2005), uma construção social, cultural, histórica das diferenças. MakGoba (1996) destaca que diversidade de pessoas, ideias, perspectivas, interpretações, culturas, estilos de vida e experiências é o que permite, aos educadores, estudantes, pesquisadores, refletirem sobre e se relacionarem com a sociedade em que vivem, com a(s) cultura(s) em que estão inseridos. No entender deste professor universitário sul-africano, a habilidade de criticar o universo onde se vive e os dos outros só se torna possível por meio do reconhecimento e valorização da diversidade.

A problemática da diversidade no Brasil, embora apareça nas discussões educacionais nos anos 1990, é antiga, acompanha a história de lutas por inserção cidadã na sociedade, empreendidas por indígenas, negros, sem-terra, empobrecidos, outros marginalizados pela sociedade (SILVA, 1993; 2002; 2004).

O Brasil, como outras sociedades ocidentais, se descobre multicultural quando os oprimidos, que alguns designam como "minorias inúteis", reagem. O multiculturalismo, seja como movimento artístico, seja como ações políticas nas ruas (GONÇALVES; SILVA,

2003; 2006), surge como reação contra a ideologia da assimilação (DEEKKER; LEMMER, 1993); muito mais tarde chega ao pensamento e iniciativas educacionais (GONÇALVES; SILVA, 2003; 2006). E como bem o mostram (WINTER, 1992; STEIMBERG, 2001), tem servido tanto para encorajar assimilação, como para propor diálogo aberto entre culturas.

Nesta última perspectiva é relevante a contribuição dos professores indígenas e das escolas indígenas, na América Latina, notadamente no Brasil, com a proposta e esforço de desenvolver educação intercultural (entre outros, MONTE, 1996; GRUPIONI, 2000). As propostas e projetos em andamento, longe de recortes de diferentes culturas agrupadas em situações artificiais, atribuem aos professores e à educação escolar a função de elos fortalecedores das tradições de cada um dos povos, e também de elos entre os estudantes e a sociedade fora da aldeia, com o *mundo dos brancos*, que, apesar das garantias legais (BRASIL, 1988; BRASIL, 1999), ainda lhes é adverso (XAVANTE, 2002).

O ocultamento da diversidade no Brasil vem reproduzindo, tem cultivado, entre índios, negros, empobrecidos, o sentimento de não pertencer à sociedade. Visão distorcida das relações étnico-raciais vem fomentando a ideia, de que vivemos harmoniosamente integrados, numa sociedade que não vê as diferenças. Considera-se democrático ignorar o outro na sua diferença.

O ocultamento da diversidade produz a imagem do *brasileiro cordial*, que trata todos com igualdade, ignorando deliberadamente as suas nítidas e contundentes diferenças. Imagem esta difundida desde os anos 1930, nas obras de Freyre (1963), e nos anos 1950, reforçada pelas teses, argumentos, estudos, entre outros de Cassiano Ricardo (1959). Tais pensamentos têm constrangido a participação nos espaços públicos daqueles chamados de excluídos e, ao mesmo tempo, têm atribuído sua ausência à pretendida falta de qualidades e competência.

No entanto, não se pode dizer que o Estado brasileiro sempre ignore as discriminações provocadas pelo ocultamento da diversidade da população, nem os consequentes problemas que acarretam. Ciente disto, a Constituição Nacional de 1934 repudiou a discriminação racial, embora tenha prescrito a eugenia. Destaque-se que a "Constituição Cidadã", de 1988, embora tardiamente, reconhece a diversidade da população brasileira, garante o direito à cultura própria e ao conhecimento das demais formadoras da nação, torna o racismo um crime inafiançável e imprescritível.

Sabe-se que da lei à nova mentalidade e à ação efetiva há muito que desfazer, refazer e fazer. De qualquer forma, seja em virtude de pressões internas feitas pelos movimentos sociais, seja pelos preceitos constitucionais, seja por força de compromissos internacionais assumidos pelo Brasil, particularmente na Conferência Mundial contra o Racismo, Discriminação Racial, Xenofobia e Intolerância Correlata, transcorrida em 2001, temos, em nossas plagas, cada vez com mais clareza, a compreensão de que as sociedades multiculturais terão dificuldades de se tornarem justas e democráticas, se não resolverem os problemas causados por opressões e discriminações; se não estiverem dispostas a integrar lutas contra injustiças, sem paliativos que visem à mera inclusão, novo termo, para designar assimilação.

Não é, pois, por acaso que o Ministério da Educação (BRASIL, 1997) institui os Parâmetros Curriculares Nacionais, incluindo como tema transversal a Pluralidade Cultural. Desta forma, reconhece, admite a diversidade como parte da identidade nacional, como marca da vida social brasileira. Diversidade, no entanto, ainda tratada como diferenças étnico-raciais que se realizam em convivência harmoniosa, mesmo diante das inúmeras provas em contrário na sociedade e em suas instituições, entre elas, as escolas.

Mas os legisladores da educação e o Ministério da Educação, cada vez mais sensíveis às denúncias e propostas do Movimento Negro, avançaram. Formularam e têm tomado providências para implantar e acompanhar a execução da importante política curricular estabelecida pela Lei nº 10.639/2003, devidamente interpretada e orientada pelo Parecer CNE/CP nº 003/2004 (BRASIL, 2004a) e pela Resolução CNE/CP nº 001/2004 (BRASIL, 2004b), anteriormente referidos, bem como por instruções legais formuladas por sistemas de ensino municipal ou estadual.[4] É importante também lembrar que, desde 1988, leis municipais e estaduais determinaram o ensino de História e Cultura Afro-Brasileira e Africana. É o caso, por exemplo, dos municípios de Santa Cruz do Sul/RS, de Florianópolis, Aracaju, Belém, São Paulo.

As dificuldades para implantação dessas políticas curriculares, assim como a estabelecida no art. 26 da Lei nº 9.394/1996, por

---

[4] Tenho notícias dos seguintes conselhos de educação: o Conselho Municipal de Educação de Belo Horizonte aclimatou as Diretrizes Curriculares Nacionais para a Educação das Relações Étnico-Raciais e para o Ensino de História e Cultura Afro-Brasileira e Africana (Parecer CNE/CP3/2004 e Resolução CNE/CP1/2004) a seu respectivo sistema de ensino, por meio do Parecer nº 83/2004. O Conselho Estadual de educação de Mato Grosso do Sul também manifestou-se por meio do Parecer Orientativo, em 2005. O Conselho Estadual de Educação do Paraná manifestou-se em 2006.

força da Lei nº 10.639/2003, devem-se muito mais à história das relações étnico-raciais neste país e aos processos educativos que elas desencadeiam, consolidando preconceitos e estereótipos, do que a procedimentos pedagógicos, ou à tão reclamada falta de textos e materiais didáticos. Estes, hoje, já não tão escassos, mas nem sempre facilmente acessíveis. No entanto, não há como desconhecer experiências desenvolvidas por professores negros e não negros, na sua grande maioria contando com apoio do Movimento Negro e que com certeza proporcionaram apoio para a formulação do Parecer CNE/CP nº 3/2004, bem como serviram de exemplo e suporte para que se execute esta determinação legal.[5]

Não cabe, aqui, alongar-me, mas é importante destacar que entre as dificuldades estão as relações que muitos de nós, docentes, mantemos com as administrações dos sistemas de ensino e também com nossos alunos. O mais sério é que pretendemos educar nossos alunos para serem cidadãos participativos e democráticos, capazes de combater discriminações e não poucas vezes não nos sentimos encorajados a combater as discriminações que se arremetem contra nós: condições de trabalho não favoráveis, baixos salários, desqualificação da profissão e da formação.

Neste texto, tentei chamar a atenção, de um lado, para as tramas históricas de que faz parte nosso fazer pedagógico; de outro, para a nossa nem sempre ágil possibilidade de reagir; de outro ainda, para as dificuldades que temos de enxergar e de lidar com os diferentes.

---

[5] Para mais detalhes, ver, por exemplo, CEERT – Centro de Estudos do Trabalho e da Desigualdade (Disponível em: <http://www.ceert.org.br>).

Somos oriundos de uma formação que atribui, aos brancos, aos europeus, a cultura que dizem clássica, pois permanece no tempo, desconhecendo-se culturas dos povos não europeus que também têm permanecido no tempo. Ignoramos, por exemplo, que os egípcios, povo também negro, ou melhor, os conhecimentos que eles produziram, estão no nascedouro da filosofia e das ciências, o que se costuma atribuir aos gregos e a outros europeus. Somos levados a confundir cultura com ilustração, civilização com o hemisfério norte, ao lado de outros tantos equívocos.

Tratamos a experiência de ser europeu como uniforme e desconhecemos as experiências dos diferentes povos que vieram para o Brasil. Kreutz (1999; 2000a; 2000b) nos mostra, ao discorrer sobre as escolas étnicas em nosso território, os diferentes projetos de vida e de inserção de alemães, italianos, poloneses e japoneses. Destaca que esses imigrantes viam a escola como um meio para manter sua raiz cultural, o vínculo com as origens.

O desconhecimento das experiências de ser, viver, pensar e realizar de índios, de descendentes de africanos, de europeus, de asiáticos, faz com que ensinemos como se vivêssemos numa sociedade monocultural. Isto nos torna incapazes de corrigir a ilusão da democracia racial, de vencer determinações do sistema centrado em cosmovisão representativa de uma única raiz étnico-racial. Impede-nos de ter acesso a conhecimentos de diferentes origens étnico-raciais, e ficamos ensinando um elenco de conteúdos tido como o mais perfeito e completo que a humanidade já teria produzido. Tornamo-nos incapazes de perceber as vozes e imagens ausentes dos currículos escolares: empobrecidos, mulheres, afrodescendentes, africanos, indígenas, idosos, homossexuais, deficientes, entre outros.

Para superar tudo isso, precisamos ultrapassar estereótipos, extinguir preconceitos, e, como disse Senghor, em um de seus poemas, proceder a uma "desintoxicação semântica", isto é, redefinir termos e conceitos, por exemplo, no nosso caso do campo educacional, a começar por educação, aprender, ensinar, saber, educar, educar-se.

Para tanto, precisamos, antes de mais nada, prestar atenção às formas e meios que nossos alunos utilizam para aprender. Se atentarmos para experiências educativas entre povos indígenas, quilombolas e habitantes de outros territórios negros, veremos que não é somente com a inteligência que se tem acesso a conhecimentos. Que é com o corpo inteiro – o físico, a inteligência, os sentimentos, as emoções, a espiritualidade – que ensinamos e aprendemos, que descobrimos o mundo. Corpos negros, brancos, indígenas, mestiços, doentes, sadios, gordos, magros, com deficiências, produzem conhecimentos distintos, todos igualmente humanos e, por isso, ricos em significados. Produzem também conhecimentos científicos, quando decidem realizar pesquisas deste cunho, que têm em conta as circunstâncias e suas condições de ser e viver.

Desta forma, vamos confirmar o que há muito aprendemos, ou seja, que ensinar e aprender implicam convivência. O que acarreta conflitos e exige confiança, respeito, não confundidos com mera tolerância.

Vamos descobrir que pessoas espezinhadas, economicamente despossuídas, culturalmente desvalorizadas, mesmo vivendo situações de opressão, são capazes de reconstruir positivamente seus jeito de ser, viver, pensar, apoiadas em valores próprios a seu pertencimento étnico-racial (SILVA *et al.*, 2006), à sua condição social.

Foram os valores de refúgio que permitiram a muitos colonizados sobreviver a toda e qualquer tentativa de aniquilação (MEMMI, 1973). Valores esses que garantiram aos africanos escravizados, arrancados de seus povos, constrangidos física e moralmente, fazerem a viagem que se dizia sem retorno, viessem a edificar outros povos, os africanos da diáspora.[6]

O tema aprender e ensinar em meio a relações étnico-raciais, portanto em contextos de sociedades multiculturais como a nossa, é amplo, vasto e permite muitas aproximações. A que aqui venho apresentar é uma, feita a título de introdução à temática que deve ser tratada desde múltiplas perspectivas, coordenadas, encadeadas. No Brasil, temos de tratar juntos indígenas, afrodescendentes, descendentes de europeus e de asiáticos, sem medo das tensões, abertos a nossa diversidade, sem querer ninguém ser o melhor, o superior.

REFERÊNCIAS

ABRAMOWICZ, Anete; SILVERIO, Valter (Org.). *Afirmando diferenças*: montando o quebra-cabeças da diversidade na escola. Campinas: Papirus, 2005.

6 Conteúdo de mensagem registrada no livro dos visitantes, no Museu da Ilha de Gore, antigo porto de tráfico de escravizados, no Senegal.

ABRAMOWICZ, Anete; SILVERIO, Valter (Org.). *São Paulo*: educando pela diferença para igualdade. São Paulo: Secretaria da Educação do Estado de São Paulo; Conselho de Participação e Desenvolvimento da Comunidade Negra do Estado de São Paulo; Núcleo de Estudos Afro-Brasileiros da Universidade Federal de São Carlos, 2004.

BARBOSA, Ruy. *Trechos escolhidos*. Rio de Janeiro: Ed. Ouro, 1957.

BENTO, Maria Aparecida da Silva. Racialidade e produção do conhecimento. *In*: SEYFERTH *et al. Racismo no Brasil.* São Paulo: ABONG; Ação Educativa; ANPED, 2002. p. 45-52.

BLANCHARD, Pascal *et al.* Le spectacle ordinaire des zoos humains. *Le Monde Diplomatique*, Paris, série Manière de Voir, n. 58, p. 40-45, juil./aôut 2001.

BRASIL. Conselho Nacional de Educação. *Diretrizes curriculares nacionais para a educação das relações étnico-raciais e para o ensino de história e cultura afro-brasileira e africana.* Brasília: [s.n.], 2004a. Parecer CNE/CP nº 3/2004. Disponível em: <http://www.mec.gov.br/cne>.

BRASIL. Conselho Nacional de Educação. *Diretrizes nacionais para o funcionamento das escolas indígenas*. Brasília: [s.n.], 1999. Parecer CNE/BB nº 14/1999. Disponível em: <http://www.mec.gov.br/cne>.

BRASIL. Constituição (1988). *Constituição da República Federativa do Brasil*, 1988. Disponível em: <http://www.senado.gov.br/sf/legislacao/const/>.

BRASIL. *Diretrizes curriculares nacionais para a educação das relações étnico-raciais e para o ensino de história e cultura afro-brasileira e africana*. Brasília: [s.n.], 2004b. Resolução CNE/CP nº 1/2004. Disponível em: <http://www.mec.gov.br/cne>.

BRASIL. Ministério da Educação. Secretaria de Educação Fundamental. *Parâmetros curriculares nacionais*. Brasília: [s.n.], 1997.

CONSCIENTIZACIÓN. *Educación hoy*: colección perspectivas Latinoamericanas. 2. ed. Bogotá: [s.n.], 1973.

DEEKKER, Elsie I.; LEMMER, Eleanor L. (Ed.). *Critical issues in modern education*. Durban: Butterworths, 1993.

DUSSEL, Enrique. *Ética de la liberación*. 3. ed. Madrid: Trotta, 2000.

FONSECA, Marcus Vinícius. *A educação dos negros:* uma face do processo de abolição da escravidão no Brasil. Bragança Paulista: Ed. Universidade São Francisco, 2002.

FREYRE, Gilberto. *Casa grande e senzala*. Brasília: Universidade de Brasília, 1963.

GONÇALVES, Luiz Alberto O.; SILVA, Petronilha B. G. e. Multiculturalismo e educação: do protesto de rua a propostas e políticas. *Educação e Pesquisa*, São Paulo, v. 29, n. 1, p. 109-123, jan./jun. 2003.

GONÇALVES, Luiz Alberto O.; SILVA, Petronilha B. G. e. *O jogo das diferenças*: o multiculturalismo e seus contextos. 4. ed. Belo Horizonte: Autêntica, 2006.

GRUPIONI. Luís Doniseti, B. A política escolar indígena. 2000. Disponível em: <http://www.socioambiental.org/pib/portugues/indenos/polit_educacao.shtm#t5>.

HENRIQUES, R. *Desigualdade racial no Brasil*: evolução das condições de vida na década de 90. Rio de Janeiro: IPEA, 2001.

HISTORIA resumida do Brasil: programa completo do curso primário. Porto Alegre: Colégio Nossa Senhora das Dores, 1927.

JACCOUD, Luciana; BEGHIN, Nathalie. *Desigualdades raciais no Brasil*: um balanço da intervenção governamental. Brasília: IPEA, 2002.

KAKÉ, Ibrahima Baba. La vulgarisation de l'histoire de la traite négrière. *In*: DIÉNE, Doudou (Org.). *La chaîne et le lien; une vision de la traite négrière*. Paris: UNESCO, 1998.

KREUTZ, Lúcio. A educação de migrantes no Brasil. *In*: LOPES, Eliane Marta T. *et al. 500 anos de educação no Brasil*. 2. ed. Belo Horizonte: Autêntica, 2000a. p. 347-370.

KREUTZ, Lúcio. Escolas comunitárias de imigrantes no Brasil. *Revista Brasileira de Educação*, Rio de Janeiro, n. 15, p. 159-176, 2000b.

KREUTZ, Lúcio. Identidade étnica e processo escolar. *Cadernos de Pesquisa*, São Paulo, n. 117, p. 70-96, jul./dez. 1999.

KUAMBI, Uazuva. Namibia Official support for Herero; reparation struggle. *NewAfrican*, v. 40, n. 457, p. 46-48, Dec. 2006.

LIAUZU, Claude. *Race et civilization*: l'autre dans la culture occidentale. Paris: Syros, Alternatives, 1992.

LOPES, Eliane Marta T. *Colonizador-colonizado*: uma relação educativa no movimento da história. Belo Horizonte: UFMG, 1985.

MAcDONALD, Michael. *Why race matters in South Africa*. Cambridge: Harvard University Press, 2006.

MAkGOBA, M. W. Diversity is vital to university education. *Higher Education Review*, The Sunday Independent, p. 6, 19 May 1996.

MEMMI, Albert. *Portrait du colonisé*. Paris: Payot, 1973.

MONTE, Nietta Lindenberg. *Escolas da floresta*: entre o passado oral e o presente letrado. Rio de Janeiro: Multiletra, 1996.

OLANREWAJU, Folorunso Adeyinka. Yorùbá language in the educational system of Nigeria. *In*: SEGUNDA CONFERÊNCIA DE INTELECTUAIS DA ÁFRICA E DA DIÁSPORA (II CIAD), Salvador, 2006.

ORTIZ, Fernando. El mutuo descubrimiento de los mundos. *In*: ORTIZ, Fernando. *Etnia y sociedad*. La Habana: Ed. Ciências Sociales, 1993. p. 21-27.

PAIXÃO, Marcelo Jorge de P. Desigualdades raciais no Brasil; análise de indicadores quantitativos e qualitativos. Rio de Janeiro: Universidade Federal do Rio de Janeiro, Instituto de Economia, 2006. *In*: DEBATES DO PROGRAMA DE AÇÕES AFIRMATIVAS DA UNIVERSIDADE FEDERAL DE SÃO CARLOS, out. 2006. Disponível em: <http://www2.ufscar.br/interface_frames/index.php?link=http://www.acoesafirmativas.ufscar.br>.

RICARDO, Cassiano. *O homem cordial*. Rio de Janeiro: Ministério da Educação e Cultura; Instituto Nacional do Livro, 1959.

RODNEY, Walter. *How Europe underveloped África*. Washington: Haward University, 1981.

ROMERO, Sílvio. *História da literatura brasileira*. Rio de Janeiro: Garnier, 1943. 1. ed. 1888.

SANDER, Benno. *Educação brasileira*: valores formais e valores reais. São Paulo: Pioneira; Brasil: Ministério da Educação e Cultura; Fundação Nacional de Material Escolar, 1977.

SANTOMÉ, Jurjo Torres. Política educativa, multiculturalismo e práticas culturais democráticas nas salas de aula. *Revista Brasileira de Educação*, São Paulo, n. 4, 1997.

SANTOS, Gisleine A. *A invenção do ser negro*: um percurso das idéias que naturalizaram a inferioridade dos negros. São Paulo: Pallas, 2000.

SCHAUB, Diana. Can liberal education survive liberal democracy?. *The Public Interest*, Washington, n. 147, p. 45-60, 2002.

SEYFERTH, Giralda. O beneplácito da desigualdade: breve digressão sobre racismo. *In*: SEYFERTH, Giralda *et al. Racismo no Brasil*. São Paulo: ABONG; Ação Educativa; ANPED, 2002. p. 17-44.

SILVA, Petronilha B. G. e *et al*. Ensinar e aprender, na perspectiva de raízes africanas, em contextos multiculturais. *In*: CONGRESSO BRASILEIRO DE PESQUISADORES NEGROS, 4., Salvador, 2006. São Carlos: UFSCar; Núcleo de Estudos Afro-Brasileiros, 2006.

SILVA, Petronilha B. G. e. Aprender a conduzir a própria vida: dimensões do educar-se entre afrodescendentes e africanos. *In*: BARBOSA, Lúcia M. de A. (Org.). *De preto a afrodescendente*: trajetos da pesquisa sobre relações raciais no Brasil. São Carlos: EDUFSCar, 2003. p. 181-197.

SILVA, Petronilha B. G. e. Cidadania e educação no Brasil: a contribuição dos que lutam por cidadania e reconhecimento. *In*: BILLAGIO CITIZENSHIP EDUCATION AND DIVERSITY CONFERENCE, Institut of Multiculturalism da Washingthon University, Rochefeller Fondation, Bellagio, Italia, 2002. São Carlos; Núcleo de Estudos Afro-Brasileiros da UFSCar, 2002.

SILVA, Petronilha B. G. e. Citizenship and education in Brazil. *In*: BANKS, James. *Diversity, Citizenship and Education*. San Francisco: Jossy-Bass, 2004. p. 185-218.

SILVA, Petronilha B. G. e. Diversidade étnico-racial e currículos escolares: dilemas e possibilidades. *Cadernos CEDES*, Campinas, n. 32, p. 25-34, 1993.

STEIMBERG, Shirley R. (Org.). *Multi/intercultural conversations*. New York: Peter Lang, 2001.

TATUM, Beverly D. *"Why are all Black kids toghether in the Cafeteria?" and another conversations about race*. New York: Basic Books, 2003.

TAYLOR, A. C. Civilisation. *In*: BONTE, Pierre *et al. Dictionnaire de l'ethnologie et de l'anthropologie*. Paris: Presses Universitaires de France, 2000. p. 151-152.

TEIXEIRA, Anísio. Valores proclamados e valores reais nas instituições escolares brasileiras. *Revista Brasileira de Estudos Pedagógicos*, Brasília, v. 36, n. 84, out./dez. 1961.

VALLE, Lílian do. *A escola e a Nação*: as origens do projeto pedagógico brasileiro. São Paulo: Letras e Artes, 1997.

VARELA, J. P. Los Gaúchos: la educacion del Pueblo. *Cuaderno LEA*, n. 3, p. 73 [1887?].

VIANNA, F. J. de Oliveira. *Evolução do povo brasileiro*. São Paulo: Ed. Nacional, 1938. 1. ed. 1923.

WINTER, Sylvia. *Do not call us negros*: how multicultural textbooks perpetuate the ideology of racism. San Jose: Books, 1992.

WOOD, Meter. *Diversity, the invention of a concept*. San Francisco: Encounter Books, 2003.

XAVANTE, Severiá Maria Idiorê. Exercitando o Ser. *Cadernos de Educação Escolar Indígena*, Barra dos Bugres, MT, v. 1, n. 1, p. 41-46, 2002.

Informação bibliográfica deste texto conforme a NBR 6023:2002 da Associação Brasileira de Normas Técnicas (ABNT):
SILVA, Petronilha Beatriz Gonçalves e. Aprender, ensinar e relações étnicos-raciais no Brasil. *In*: FONSECA, Marcus Vinícius; SILVA, Carolina Mostaro Neves da; FERNANDES, Alexsandra Borges (Org.). *Relações étnico-raciais e educação no Brasil*. Belo Horizonte: Mazza, 2011. p. 11-37. ISBN 978-85-7160-545-9.

2. DIVERSIDADE ÉTNICO-RACIAL: POR UM PROJETO EDUCATIVO EMANCIPATÓRIO[7]

por NILMA LINO GOMES

INTRODUÇÃO

Desde o ano de 2003, os cursos de pedagogia e de licenciatura, as secretarias municipais e estaduais de educação, assim como o próprio Ministério da Educação são responsáveis pela realização de políticas e práticas voltadas para a formação de professores(as) na perspectiva da diversidade étnico-racial.[8]

Essa paulatina mudança na educação brasileira, diante das questões que dizem respeito à população negra no Brasil, insere-se em contexto específico: a Lei nº 10.639, uma medida de ação afirmativa, sancionada pelo presidente Luiz Inácio Lula da Silva, em 09

[7] Originalmente publicado em *Retratos da Escola*, v. 2, n. 2-3, p. 95-108, jan./dez. 2008.

[8] Esclareço, desde já, que a expressão *diversidade étnico-racial*, no presente texto, refere-se às dimensões, aos significados e às questões que envolvem a história, a cultura, a política, a educação e a vida social dos negros (pretos e pardos) no Brasil.

de janeiro de 2003.[9] A Lei torna obrigatória a inclusão do ensino da História da África e da Cultura Afro-Brasileira nos currículos dos estabelecimentos de ensino públicos e particulares da educação básica. Trata-se da alteração na Lei de Diretrizes e Bases da Educação Nacional, que deve ser compreendida como uma vitória das lutas históricas empreendidas pelo Movimento Negro em prol da educação.[10]

Após o sancionamento da Lei nº 10.639/03, o Conselho Nacional de Educação aprovou a Resolução nº 01, de 17 de março de 2004, que institui as Diretrizes Curriculares Nacionais para a Educação das Relações Étnico-Raciais e para o Ensino de História e Cultura Afro-Brasileira e Africana.[11] A partir de então, as escolas da educação bá-

---

[9] Em 2008, a Lei nº 10.639/03 foi alterada para 11.645 e passou a incluir a história e cultura dos povos indígenas brasileiros. No entanto, como este artigo enfatizará o primeiro recorte específico da Lei, a saber, o segmento negro e africano, optou-se por manter a numeração inicial, ou seja, 10.639/03.

[10] Portanto, a partir do ano de 2003, a Lei nº 9.394/96 passa a vigorar acrescida dos seguintes artigos: 26-A, 79-A e 79-B (Incluído pela Lei nº 10.639, de 09/01/2003):

Art. 26-A. Nos *estabelecimentos de ensino fundamental e médio, oficiais e particulares*, torna-se obrigatório o ensino sobre História e Cultura Afro-Brasileira.

§ 1º O conteúdo programático a que se refere o *caput* deste artigo incluirá o estudo da História da África e dos Africanos, a luta dos negros no Brasil, a cultura negra brasileira e o negro na formação da sociedade nacional, resgatando a contribuição do povo negro nas áreas social, econômica e política pertinentes à História do Brasil.

§ 2º *Os conteúdos referentes à História e Cultura Afro-Brasileira serão ministrados no âmbito de todo o currículo escolar*, em especial nas áreas de Educação Artística e de Literatura e História Brasileiras.

Art. 79-A. (VETADO)

Art. 79-B. O calendário escolar *incluirá o dia 20 de novembro como Dia Nacional da Consciência Negra.* (grifos nossos).

[11] Esta resolução está fundamentada no Parecer CNE/CP nº 3/2004, dos conselheiros Petronilha Beatriz Gonçalves e Silva (relatora), Carlos Roberto Jamil Cury (mem-

sica passam a ter um documento legal, que discute e aprofunda o teor da Lei, capaz, inclusive, de orientar a prática pedagógica.

A implementação da Lei nº 10.639/03 e de suas respectivas diretrizes curriculares nacionais vem se somar às demandas do Movimento Negro, de intelectuais e de outros movimentos sociais, que se mantêm atentos à luta pela superação do racismo na sociedade, de modo geral, e na educação escolar, em específico. Estes grupos partilham da concepção de que a escola é uma das instituições sociais responsáveis pela construção de representações positivas dos afro-brasileiros e por uma educação que tenha o respeito à diversidade como parte de uma formação cidadã. Acreditam que a escola, sobretudo a pública, exerce papel fundamental na construção de uma educação para a diversidade.

Nesse contexto, algumas iniciativas de formação de professores(as) voltadas para a diversidade étnico-racial vêm se configurando. Em vários estados e municípios brasileiros têm sido organizados e ministrados cursos de extensão, de aperfeiçoamento e de especialização sobre a questão racial, por meio da articulação entre as universidades, as secretarias de educação e os movimentos sociais. Os núcleos de estudos afro-brasileiros, no interior das universidades públicas e privadas do País, têm sido solicitados a dar apoio a essas e outras iniciativas, mediante realização de cursos, oferta de disciplinas, organização de seminários, produção de material didático e de pesquisas voltadas para a educação básica. No entanto,

---

bro), Francisca Novantino Pinto de Ângelo (membro) e Marília Ancona-Lopez (membro), aprovado por unanimidade pelo Pleno do Conselho Nacional de Educação em 10.03.2004 e homologado pelo Ministro da Educação em 19.05.2004.

a movimentação não é suficiente para superar a situação de desequilíbrio enfrentada pela discussão sobre a diversidade étnico-racial nos processos de formação inicial e continuada de professores(as).

Mas em que consiste tal desequilíbrio? Refiro-me ao lugar ocupado pela discussão e práticas que tematizem a diversidade étnico-racial nos currículos, principalmente aquelas desenvolvidas pelos centros de formação de professores(as). De modo geral, essa discussão não tem conseguido ocupar um lugar relevante nos currículos de graduação do País nas mais diversas áreas. Mesmo que as universidades públicas estejam passando por um momento de reestruturação dos cursos de licenciatura e de pedagogia, em função das diretrizes curriculares nacionais específicas de cada área, a diversidade étnico-racial enquanto uma questão que deveria fazer parte da formação docente continua ocupando lugar secundário. Esse lugar secundário se expressa, inclusive, no texto legal das diretrizes específicas para a licenciatura e a pedagogia. Lamentavelmente, os cursos de formação docente ainda mantêm uma estrutura curricular de caráter disciplinar, gradeada e fechada à introdução dessas e de outras questões tão caras aos movimentos sociais e tão presentes em nossa vida cotidiana.

Seria interessante analisar os cursos de licenciatura e de pedagogia das universidades nas quais trabalhamos, a fim de mapear o lugar ocupado pela discussão sobre a diversidade étnico-racial no seu interior. Ela está presente nos currículos? Como? Ela está condicionada à oferta de disciplina optativa, a critério dos professores considerados militantes ou simpatizantes da questão racial? A diversidade étnico-racial é considerada uma questão pedagógica que todos(as) deveremos discutir? Ou ainda é vista como um "problema dos negros"?

Lamentavelmente, nas faculdades de educação do País, não será difícil constatar a existência de uma estrutura curricular que sequer inclui o debate sobre as demandas históricas dos movimentos sociais pela educação. As análises presentes nas diferentes disciplinas curriculares dos currículos de licenciatura e pedagogia ainda tendem a privilegiar os conteúdos, desconectados dos sujeitos, a política educacional sob o enfoque único do Estado e seus processos de regulação, e as metodologias de ensino sem conexão com os complexos processos por meio dos quais os sujeitos aprendem. O caráter conservador dos currículos acaba por expulsar qualquer discussão que pontue a diversidade cultural e étnico-racial na formação do(a) educador(a). Assim, o estudo das questões indígena, racial e de gênero, as experiências de educação do campo, os estudos que focalizam a juventude, os ciclos da vida e os processos educacionais nãoescolares deixam de fazer parte da formação inicial de professores(as) ou ocupam um lugar secundário nesse processo.

Mas, como o campo educacional é dinâmico e tenso, nessas mesmas instituições, núcleos e/ou grupos de pesquisa e coletivos de intelectuais seguem lutando por uma outra perspectiva de educação – que tenha como norte a construção de um projeto educativo emancipatório. Muitos desses grupos e coletivos vêm ofertando disciplinas optativas na graduação, realizando cursos de extensão, aperfeiçoamento e especialização e intervêm em práticas alternativas de formação docente (educação do campo, quilombola, indígena e de pessoas com deficiência), mesmo que elas não ocupem o eixo central dos currículos. Desta forma, há várias práticas de formação de professores(as) nas quais a diversidade étnico-racial encontra lugar na formação continuada e entra com muita dificuldade nos processos de formação inicial.

Tal desequilíbrio nos currículos expressa o quanto a formação de professores(as) ainda precisa avançar. Ele revela a tensão nas relações de poder frente às diferentes interpretações e tendências nos debates e nas práticas de formação inicial e continuada de professores(as) da educação básica. Indo mais longe, a tensão expressa o predomínio de um certo tipo de racionalidade, que impera nos meios acadêmicos e afeta a formação docente. Trata-se da concepção que considera e elege o conhecimento científico como a única forma legítima de saber e menospreza os outros saberes construídos na dinâmica social, sobretudo aqueles produzidos e sistematizados pelos movimentos sociais. Uma visão, enfim, que coloca sob suspeita as análises e reflexões que discutem a aprendizagem como prática cultural, o caráter educativo dos movimentos sociais, a força emancipatória das lutas sociais em prol da educação, no final do século XX e início do XXI, e os diferentes espaços nos quais o processo educativo acontece.

A discussão e a inclusão da diversidade cultural e étnico-racial na formação de professores(as) participam desse processo tenso. Dentro de contexto mais amplo, o enfoque específico sobre o segmento negro da população enfrenta uma situação, no mínimo, peculiar: os(as) próprios(as) formadores(as) de professores(as) revelam total desconhecimento sobre os processos educativos implementados pela comunidade negra, bem como sobre as diferentes formas e níveis de inserção dos negros na educação escolar, ao longo da história da educação brasileira. Processos que não são uniformes e sofrem variações no tempo e no espaço.

Atualmente, os dados sobre desigualdades raciais e sociais (HENRIQUES, 2001), as pesquisas sobre os impactos do racismo na vida, na identidade, na trajetória pessoal e coletiva dos negros e negras brasileiros (GOMES, 1995; MUNANGA, 2004), entre outros, atestam que a melhor forma de superar a situação é reconhecer a existência do racismo e adotar uma postura política e pedagógica que vise à sua superação. No caso específico da educação escolar, será necessário conhecer e analisar as experiências significativas de diversidade étnico-racial no interior das escolas, produzir conhecimento sobre o tema, compreender as demandas dos movimentos sociais e construir práticas pedagógicas de superação do racismo que possam articular o conhecimento acadêmico com o conhecimento produzido pelos movimentos sociais. É preciso desnaturalizar o lugar ocupado pela diversidade étnico-racial na escola. Essa discussão precisa fazer parte da formação inicial de professores e professoras e não somente das práticas de formação continuada. É também um importante tema de pesquisa para o campo da formação de professores(as) no Brasil, o qual ainda insiste em se manter distante e neutro em relação à diversidade, mesmo quando se discute o professor reflexivo, as experiências pessoais e coletivas dos(as) professores(as), como sujeitos da sua própria prática, e a condição docente.

FORMAÇÃO, EMANCIPAÇÃO, EDUCAÇÃO

Inspirados nas reflexões do sociólogo Boaventura de Sousa Santos (2004) acerca da *sociologia das ausências* e *das emergências*, podemos dizer que o campo da formação de professores(as) também precisa ser indagado por uma concepção crítica de ciência e de formação.[12] Uma crítica que compreenda e torne credíveis os saberes produzidos pelos movimentos sociais e as ações educativas por eles desencadeadas, os quais foram ativamente produzidos como ausências nos currículos, nas pesquisas e nas políticas educacionais. Trata-se, portanto, da construção de uma *pedagogia das ausências* e *das emergências*.

A *pedagogia das ausências* consiste em um exercício político e epistemológico cujo objetivo principal é transformar as ausências e a invisibilidade que recaem sobre os movimentos sociais e seus saberes – no campo da formação de professores(as) – em presenças. No entanto, não basta apenas dar visibilidade. É preciso reconhecer o que emerge de novo e de emancipatório dessas práticas. Para tal, precisamos realizar um segundo e desafiador procedimento: a *pedagogia das emergências*.

A *pedagogia das emergências* poderá nos ajudar a lançar indagações mais profundas sobre a tensão presente entre os estudos e discursos críticos realizados no campo da formação de professores(as) e a persistência de currículos lineares e conservadores dos cursos de formação inicial. Estes últimos acabam por reduzir a formação do(a) professor(a) ao domínio de competências e habilidades. Além disso, a *pedagogia das emergências* poderá contribuir para a reflexão sobre as estratégias e eixos das práticas de formação continuada que temos realizado.

A *pedagogia das emergências* tem como norte a investigação das alternativas pedagógicas já existentes nas práticas sociais e

---

[12] A esse respeito, conferir Gomes (1999; 2006a; 2006b) e Santos (2004; 2006).

políticas dos movimentos sociais, das diversas ações coletivas e sua articulação com o espaço escolar. Aqui está o seu caráter emancipatório.

É nesse campo que encontramos as práticas significativas voltadas para a diversidade étnico-racial e a Lei nº 10.639/03. No caso específico dessa lei – entendida como uma medida de ação afirmativa –, o Movimento Negro, ao pleiteá-la, investe estrategicamente na ampliação do presente, juntando, ao real, as possibilidades e as expectativas futuras de superação do racismo e do mito da democracia racial.

Neste contexto, podemos dizer que as ações do Movimento Negro brasileiro, realizadas pelas suas diversas entidades, têm sido marcadas por uma perspectiva educacional aguçada, explicitada nos seus diversos projetos e propostas.

O Movimento Negro brasileiro tem se destacado na história do País como sujeito político cujas reivindicações conseguiram, a partir do ano 2000, influenciar o governo e os seus principais órgãos de pesquisa, tais como o Instituto de Pesquisa Econômica Aplicada (Ipea) e o Instituto Brasileiro de Geografia e Estatística (IBGE).[13] Esse reconhecimento político tem possibilitado, nos últimos anos, a mudança dentro de vários setores do governo e, sobretudo, nas universidades públicas, como, por exemplo, o processo de implementação de políticas e práticas de ações afirmativas voltadas para a população negra.

Das formas de organização dos negros após a Abolição da Escravatura e depois da Proclamação da República, a literatura

---

[13] Ver: Henriques (2001).

mostra que, desde meados do século XX, a educação já era considerada espaço prioritário de ação e de reivindicação. Quanto mais a população negra liberta passava a figurar na história com o *status* político de cidadão (por mais abstrata que tal situação se configurasse no contexto da desigualdade racial construída pós-abolição), mais os negros se organizavam e reivindicavam escolas que incluíssem sua história e sua cultura.

Os estudos de Pinto (1994), Gomes (1999), Gonçalves e Gonçalves e Silva (2000), Silvério (2002), Passos (2004) e Gomes (2006b) revelam que o Movimento Negro, no Brasil, conquanto sujeito político, tem sido o principal responsável pelo reconhecimento do direito à educação para a população negra, pelos questionamentos ao currículo escolar no que se refere ao material didático com imagens estereotipadas sobre o negro, pela inclusão da temática racial na formação de professores(as), pela atual inclusão da História da África e da Cultura Afro-Brasileiranos currículos escolares via lei federal e pelas políticas de ação afirmativa nas suas mais diferentes modalidades.

Nesse sentido, é possível afirmar que o Movimento Negro apresenta, historicamente, um projeto educativo, construído à luz de uma realidade de luta. Esse projeto se choca, muitas vezes, com a racionalidade hegemônica que impera na teoria social e pedagógica, visto que apresenta outro tipo de saber, construído numa história em que a diversidade étnico-racial sempre esteve presente, em que a alteridade sempre esteve pautada, não só no reconhecimento do outro, mas na luta política de ser reconhecido como um outro, com o direito de viver a sua diferença e ver sua cultura e sua identidade respeitadas tanto no cotidiano das escolas e dos seus currículos quanto na política educacional. Esses "saberes em movimento" questionam a pedagogia e a teoria educacional acerca da forma como estas se relacionam com os saberes construídos pelos movimentos sociais. Os espaços políticos dos movimentos sociais são, portanto, produtores de uma epistemologia tão legítima quanto a que é considerada hegemônica pela educação e pela teoria social. O acúmulo da experiência política e de vida da comunidade negra organizada no Brasil se articula, também, com as iniciativas negras na América Latina, pouco discutidas pela teoria educacional e pela História da Educação brasileira.

Um ponto que merece ser destacado é que os negros organizados em movimento sempre enfatizaram o cuidado profundo com a construção da democracia para todos os segmentos étnico-raciais. No entanto, a comunidade negra organizada não busca a democracia abstrata, a cidadania para poucos, mas, sim, a igualdade e a cidadania reais, que respeitem todos na sua diversidade.

Ainda inspirada nas reflexões de Santos (1996), considero os processos e projetos educativos construídos pelo Movimento Negro no Brasil e também na América Latina como emancipatórios. A emancipação, entendida como transformação social e cultural, como libertação do ser humano, sempre esteve presente nas ações da comunidade negra organizada, tanto no período da escravidão quanto no pós-abolição e a partir do advento da República. O fato de essas ações serem projetos e propostas construídos por um povo que tem a sua história e a sua cultura desenvolvidas no contexto da colonização, da dominação, da escravidão, do racismo e da desigualdade social e racial atesta o caráter emancipatório das lutas e da organização política dos negros no Brasil e na diáspora. Esse caráter também é atestado pelas mudanças sociais, educacionais, culturais e políticas que a comunidade negra *em movimento* consegue imprimir nos vários países da diáspora africana.

Segundo Santos (1996), todo projeto emancipatório está baseado em um perfil epistemológico que abriga um conflito. O conflito é visto, aqui, ocupando o centro de toda experiência pedagógica emancipatória. Segundo ele, o conflito serve, antes de mais nada, para tornar vulnerável e desestabilizar os modelos epistemológicos dominantes e para olhar o passado através do sofrimento humano, que, por via deles e da iniciativa humana a eles referida, foi indesculpavelmente causado. Esse olhar produzirá imagens desestabilizadoras, susceptíveis de desenvolver nos estudantes e nos(as) professores(as) a capacidade de espanto, de indignação e uma postura de inconformismo, necessárias para olhar com empenho os modelos dominados ou emergentes, por meio dos quais é possível aprender um novo tipo de relacionamento entre saberes e, portanto, entre pessoas e entre grupos sociais. Poderá emergir, daí, um relacionamento mais igualitário e mais justo, que nos faça apreender o mundo de forma edificante, emancipatória e multicultural.

Essa dimensão do conflito é explicitada na ação do Movimento Negro, quando ele pauta a diversidade étnico-racial como realidade e uma questão para a sociedade e para a educação brasileiras. É realidade, uma vez que, apesar da existência do mito da democracia racial, a sociedade brasileira não consegue fugir da negritude, conquanto diferença inscrita no seu corpo, na sua cultura, na sua história e na sua ancestralidade. É uma questão, já que qualquer discussão mais aprofundada sobre a diversidade étnico-racial tem de vir acompanhada da compreensão sobre as desigualdades raciais. No contexto histórico e político brasileiro, as diferenças étnico-raciais foram naturalizadas, desnudadas da sua riqueza e transformadas em desigualdade. Dessa forma, quando a escola, a universidade e a política educacional colocam em pauta a discussão, as práticas, os projetos e as políticas voltadas para a diversidade étnico-racial, tendo como foco o segmento negro da população, o contexto da desigualdade se põe na ordem do dia e, em consequência disso, medidas para a sua superação precisam ser implementadas.

AÇÕES AFIRMATIVAS, CONFLUÊNCIA DE SABERES

O acúmulo de saberes produzidos pelo movimento negro faz parte de uma história ancestral de luta e resistência, que ganha corpo na sua demanda pela educação desde o começo do século XX. Essa luta se intensifica ainda mais a partir do início do século XXI, quando este movimento social se organiza em torno das políticas de ações afirmativas.

As ações afirmativas são compreendidas, aqui, não só como políticas e práticas públicas e privadas que visam à correção e superação das desigualdades impostas, ao longo da história, a determinados grupos sociais e étnico-raciais. Elas são vistas como *locus* em que confluem princípios gerais de um outro modelo de racionalidade e saberes emancipatórios produzidos pela comunidade negra e sistematizados pelo Movimento Negro ao longo dos tempos. Saberes que ainda se fazem ausentes dos estudos e das práticas de formação de professores(as).

O momento atual de luta pelas ações afirmativas e os impactos que tais políticas vêm causando na sociedade e, principalmente, na educação superior, pode ser considerado como o espaço-tempo de alargamento desses saberes. Entre eles, destacarei, nos limites deste artigo, apenas três: os políticos, os identitários e os estéticos (corpóreos).

a) *Os saberes políticos* – nunca a universidade, os órgãos governamentais, sobretudo o Ministério da Educação, produziram, debateram e aprenderam tanto sobre as desigualdades raciais como no atual momento da luta pelas ações afirmativas. Tais ações tocam, de maneira nuclear, na cultura política e nas relações de poder. Seja para confirmá-las, seja para refutá-las, a universidade passou a dedicar parte do seu tempo a perceber que os jovens negros existem, que grande parcela deles não está presente nos bancos das universidades públicas e que eles lutam pelo direito de entrar nesse lugar e partilhar desse espaço de produção do conhecimento.

As poucas universidades brasileiras que já implementaram ações afirmativas no ensino superior brasileiro, mediante políticas de acesso e permanência, têm que lidar com a chegada de sujeitos sociais concretos, com outros saberes, outra forma de construir o conhecimento acadêmico, outra trajetória de vida, bem diferentes do tipo ideal de estudante universitário hegemônico e idealizado em nosso País. Temas como diversidade, desigualdade racial e vivências da juventude negra passam a figurar no contexto acadêmico, mas sempre com grande dificuldade de ser considerados "legítimos".

A tensão atinge a própria população negra, que se vê, muitas vezes, reproduzindo o discurso da ideologia do dom e se mostra contrária a essa política. Nem sempre, porém, o próprio Movimento Negro, conquanto protagonista desse processo, possui tempo e espaço para reflexão de que a sua luta política está contribuindo para a mudança epistemológica na universidade e nos rumos do conhecimento científico. De tal maneira a universidade se configura, historicamente, como o único *locus* de produção de saber, que, muitas vezes, os próprios movimentos sociais têm dificuldade de compreender que as suas práticas e os saberes por eles produzidos, ao se tornarem públicos, confrontam a teoria pedagógica e social.

b) *Os saberes identitários* – as ações afirmativas recolocam o debate sobre a "raça"[14] no Brasil, institucionalizam o uso das categorias de cor (preto, branco, pardo, amarelo e indígena) nos formulários socioeconômicos dos candidatos aos exames vestibulares, nos censos educacionais, trazendo a autodeclaração racial para o universo dos brasileiros, sobretudo o das camadas médias, quando os seus filhos precisam se autodeclarar na política de cotas.

No contexto das ações afirmativas, a discussão sobre quem é negro e quem é branco, no Brasil, ressurge não somente no interior da militância negra, mas também nos órgãos do governo, no debate público, na mídia, nas escolas de educação básica e nas universidades. Em muitas situações, são os ativistas negros (alguns já inseridos na universidade e outros não) os chamados a falar, a explicar e a

[14] "'Raça' é um conceito que não corresponde a nenhuma realidade natural. Trata-se, ao contrário, de um conceito que se denota tão-somente uma forma de classificação social, baseada numa atitude negativa frente a certos grupos sociais, e informada por uma noção específica de natureza, como algo endodeterminado. A realidade das raças limita-se, portanto, ao mundo social. Mas, por mais que nos repugne a empulhação que o conceito de 'raça' permite – ou seja, fazer passar por realidade natural preconceitos, interesses e valores sociais negativos e nefastos –, tal conceito tem uma realidade social plena, e o combate ao comportamento social que ele enseja é impossível de ser travado sem que se lhe reconheça a realidade social que só o ato de nomear permite" (GUIMARÃES, 1999, p. 9).

expressar todo o saber que acumularam, na militância, sobre a construção da identidade negra e sobre as tensas relações entre negros e brancos no Brasil. São, também, os intelectuais e os ativistas negros convidados a escrever livros didáticos, a publicar suas pesquisas, a escrever artigos sobre a questão racial, nas mais diversas áreas, e a questão da identidade é colocada em pauta, com todas as contradições e os conflitos que ela acarreta.

c) *Os saberes estéticos*–são pensados, aqui, no que se refere à corporeidade (podemos dizer que as ações afirmativas reeducam os negros e as negras na sua relação com o corpo). Ao se posicionar favoravelmente a essa política; ou ao participar de um processo de seleção baseado no critério de cotas raciais; ou ao se identificar como negro no Brasil – o sujeito participa de um processo de mudança de lógica corporal.

O corpo fala a respeito do nosso estar no mundo, visto que a nossa localização na sociedade se dá por sua mediação no espaço e no tempo. Estamos diante de uma realidade dupla e dialética, isto é, ao mesmo tempo que é natural, o corpo é também simbólico. Ele pode ser a "referência revolucionária da universalidade do homem no contraponto crítico e contestador à coisificação da pessoa e à exploração do homem pelo homem na mediação das coisas" (MARTINS, 1999, p. 54).

Segundo Gomes (2006a), na construção da sua identidade na sociedade brasileira, o negro, sobretudo a mulher negra, constrói sua corporeidade, por meio de um aprendizado que incorpora um movimento tenso e dialético de rejeição/aceitação, negação/afirmação do corpo.

É possível observar que jovens negros participantes de processos de ações afirmativas tendem a estabelecer uma relação diferente com a sua corporeidade. Há, então, a produção de outro saber sobre o corpo, que passa a ser compartilhado com pessoas de outros segmentos étnico-raciais e a ser notado pelas famílias. De certa forma, há uma invasão do corpo negro nos espaços que, antes, não estavam acostumados a lidar com tal corporeidade.

No caso da universidade, só o fato de esses jovens passarem a frequentar os espaços acadêmicos traz uma corporeidade outra, acompanhada da produção de outras experiências e significados. São corpos negros que se contrapõem à ideologia da cor e do corpo do brasileiro. O saber corpóreo é acompanhado de uma tensão e de um conflito entre padrões estéticos de beleza e fealdade, que, no Brasil, passam pela discussão étnico-racial. Estamos, portanto, em uma zona de tensão. É dela que emerge um padrão de beleza corporal real e um ideal. No Brasil, esse padrão ideal é branco, mas o real é negro e mestiço.

Portanto, a luta por ações afirmativas enquanto políticas de correção das desigualdades vem se configurando como uma demanda importante do Movimento Negro brasileiro e como espaço de confluência de saberes. Trata-se de uma reivindicação que vai além das cotas.

Dessa forma, as ações afirmativas possuem o potencial contestatório capaz de desencadear um processo de reeducação da sociedade, do Estado, da escola e da formação de professores(as) em relação à diversidade étnico-racial. Nesse sentido, elas trazem em si a esperança e a possibilidade de construção de um projeto educativo emancipatório, nos dizeres de Santos (1996).

A sanção da Lei nº 10.639/03 e a implementação das Diretrizes Curriculares Nacionais para a Educação das Relações Étnico-Raciais e para o Ensino de História e Cultura Afro-Brasileira e Africana são medidas de ação afirmativa voltadas para a educação básica que pressionam, também, o ensino superior. Por isso, mais do que uma legislação ou um elemento adicional na estrutura burocrático-normativa, essa lei e as suas diretrizes podem ser interpretadas como expressão da luta do Movimento Negro e como possibilidade de socialização, investigação, divulgação e registro de saberes políticos, históricos, identitários e estéticos/corpóreos por ele sistematizados.

Além disso, o fato de a Lei nº 10.639/03 ter sido incorporada na LDB (Lei nº 9.394/96) revela que ela pode ser considerada a experiência de ação afirmativa que, do ponto de vista legal, mais se aproxima da concepção da igualdade que contempla a diversidade, pois trata-se de princípio orientador para *toda* a educação básica e é *dever das escolas públicas e privadas*. O desafio é transformar esse princípio legal em práticas pedagógicas efetivas e significativas e introduzi-lo nos currículos de formação inicial e continuada de professores(as).

CONCLUSÃO

A Lei nº 10.639/03 não pode ser interpretada apenas como resposta do Estado à reivindicação de um movimento social. Para realizar uma reflexão que vai além desse olhar burocrático e estatal, será preciso localizar o surgimento da legislação no contexto das lutas e dos saberes da comunidade negra, organizados e sistematizados pelo Movimento Negro. Para tal, faz-se necessário mais do que o reconhecimento da ação dos(as) africanos(as) escravizados e dos negros e negras brasileiros como sujeitos históricos e sociais e a inclusão desse debate nos processos e práticas de formação docente.

Para tal, somos desafiados a realizar uma mudança epistemológica, no campo da formação de professores(as) no Brasil, que vá além das velhas dicotomias entre o escolar e o não escolar, o político e o cultural, o instituído e o instituinte, ainda presentes em vários currículos e práticas de formação de professores.

Quem sabe, a educação para a diversidade étnico-racial – e as indagações que ela traz aos processos de formação inicial e continuada de professores(as) – poderá ser um dos caminhos para a construção de subjetividades mais democráticas, nos dizeres de Santos (1996). Poderá ser a indicação de uma mudança nos currículos dos cursos de licenciatura e de pedagogia, numa perspectiva emancipatória.

REFERÊNCIAS

BRASIL. *Lei nº 9.394*,de 20 de dezembro de 1996. Estabelece as diretrizes e bases da educação nacional. Disponível em: <http://www.planalto.gov.br/ccivil_03/leis/L9394.htm>. Acesso em: 27 jun. 2007.

GOMES, Nilma Lino. *A mulher negra que vi de perto.* Belo Horizonte: Mazza, 1995.

GOMES, Nilma Lino. *Corpo e cabelo como símbolos da identidade.* Belo Horizonte: Autêntica, 2006a.

GOMES, Nilma Lino. Educação e relações raciais: discutindo algumas estratégias de atuação. *In*: MUNANGA, Kabengele (Org.). *Superando o racismo na escola.* Brasília: MEC, 1999.

GOMES, Nilma Lino. *Movimento negro, saberes e a construção de um projeto educativo emancipatório*. Coimbra, 2006b. Mimeo.

GONÇALVES, Luiz Alberto Oliveira; SILVA, Petronilha BeatrizGonçalves e. Movimento negro e educação. *Revista Brasileira de Educação*, Rio de Janeiro, n. 15, p. 134-158, set./dez. 2000.

GUIMARÃES, Antônio Sérgio Alfredo. *Racismo e anti-racismo no Brasil*. São Paulo: [s.n.], 1999.

HENRIQUES, Ricardo. *Desigualdade racial no Brasil*: evolução das condições de vida na década de 90. Rio de Janeiro: IPEA, 2001.

MARTINS, José de Souza. A dialética do corpo no imaginário popular. *Sexta-Feira: Antropologia, Artes, Humanidades*, São Paulo, n. 4, p. 46-54, 1999.

MUNANGA, Kabengele (Org.). *Superando o racismo na escola*. 2. ed. Brasília: MEC; SECAD, 2004.

PASSOS, Joana Célia dos. As práticas educativas do Movimento Negro e a educação de jovens e adultos. *Revista de Educação de Jovens e Adultos*, São Paulo, n. 18, p. 19-28, set. 2004. Alfabetização e Cidadania.

PINTO, Regina Pahim. *Movimento negro em São Paulo*: luta e identidade. 1994. Tese (Doutorado em Antropologia Social) – Faculdade de Filosofia, Letras e Ciências Humanas, Universidade de São Paulo, São Paulo, 1994.

SANTOS, Boaventura de Sousa. *A gramática do tempo*. São Paulo: Cortez, 2006.

SANTOS, Boaventura de Sousa. Por uma pedagogia do conflito. *In*: SILVA, LuizHeron*et al.*(Org.). *Novos mapas culturais, novas perspectivas educacionais*. Porto Alegre: Sulina, 1996. p. 15-33.

SANTOS, Boaventura de Sousa. Por uma sociologia das ausências e uma sociologia das emergências. *In*: SANTOS, Boaventura de Sousa (Org.). *Conhecimento prudente para uma vida decente*. São Paulo: Cortez, 2004. p. 777-821.

SILVÉRIO, Valter Roberto. Ação afirmativa e o combate do racismo institucional no Brasil. *Cadernos de Pesquisa*, São Paulo, n. 117, p. 219-246, nov. 2002.

Informação bibliográfica conforme a NBR 6023:2002 da Associação Brasileira de Normas Técnicas (ABNT):
GOMES, Nilma Lino. Diversidade étnico-racial: por um projeto educativo emancipatório. *In*: FONSECA, Marcus Vinícius; SILVA, Carolina Mostaro Neves da; FERNANDES, Alexsandra Borges (Org.). *Relações étnico-raciais e educação no Brasil*. Belo Horizonte: Mazza, 2011. p. 39-59. ISBN 978-85-7160-545-9.

3. EDUCAÇÃO E CONTROLE EM RELAÇÃO À POPULAÇÃO NEGRA DE MINAS GERAIS NO SÉCULO XIX[15]

por MARCUS VINÍCIUS FONSECA

O elevado índice de presença da população negra é um elemento característico da estrutura demográfica brasileira. Este processo remonta ao período relativo à colonização e está relacionado à intensidade de utilização do tráfico de africanos como mecanismo de introdução de trabalhadores escravizados no país. Estimativas relativas ao tráfico apontam que, entre os séculos XVI e XIX, quase dez milhões de africanos foram trazidos para a América como escravos, sendo que algo em torno de 38% deles tiveram como destino o Brasil, ou seja, mais de três milhões e quinhentos mil indivíduos.

---

[15] Uma primeira versão deste artigo foi apresentada no texto "Civilização e branqueamento como dispositivos das escolas de Minas Gerais no século XIX", publicado no livro *Educação e diversidade: estudos e pesquisas*, organizado por Marcia Angela Aguiar *et al.* (Recife: UFPE, 2009).

O Brasil liderou o processo de escravização de africanos e isto imprimiu uma marca em sua população, que passou a ser caracterizada por uma presença significativa de negros em sua composição demográfica. Isso fica evidente no primeiro censo nacional, realizado em 1872, que registrou uma população de 10 milhões de habitantes, sendo que destes 58,1% foram classificados como descendentes de africanos.

Esta presença dos negros na população gerava um incômodo nos setores dirigentes, que demonstravam uma preocupação com a necessidade de afirmar o mundo europeu como matriz civilizatória. Manifestações como esta já se faziam presentes no século XVIII, quando as autoridades portuguesas chamavam a atenção para o nível de participação dos negros em meio à população livre. Segundo Silvia Lara:

> Em 1719 o conde de Assumar, quando governou Minas Gerais, havia proibido que qualquer senhor concedesse uma carta de alforria a seu escravo sem antes pedir permissão ao governador da capitania, tentando com isso diminuir a quantidade de negros forros que, segundo ele, dificultavam a manutenção da ordem pública. Anos depois, o novo governador de Minas pedia o envio de casais "das terras marinhas do Brasil ou das Ilhas" para povoar aquelas Minas que se enchiam de mulatos. Para diminuir o poder desta "má qualidade de gente", pedia também que o rei publicasse uma lei proibindo que os mulatos pudessem herdar seus pais, mesmo quando não houvesse irmãos brancos. (2004, p. 335)

Uma atitude semelhante a esta foi manifestada por Joaquim Nabuco durante os debates sobre a abolição do trabalho escravo. Em

1883, quando publicou o livro *O abolicionismo*, ele demonstrava preocupação com aquilo que chamava de africanização do país:

> A africanização do Brasil pela escravidão é uma nódoa que a mãe-pátria imprimiu na sua própria face, na sua língua, é a única obra nacional verdadeiramente duradoura que conseguiu fundar... muitas das influências da escravidão podem ser atribuídas à raça negra, ao seu desenvolvimento mental atrasado, aos seus instintos bárbaros ainda às suas superstições grosseiras. (NABUCO, 1977, p. 138)

A ideia de um processo de africanização da sociedade brasileira ganha contornos mais claros quando consideramos a análise do educador republicano José Veríssimo, que, em 1889, afirmava de forma muito semelhante a Joaquim Nabuco:

> Extinta a escravidão índia, o africano alegre, descuidoso, afetivo meteu-se com sua moralidade primitiva de selvagem, seus rancores de perseguido, suas idéias e crença fetichistas, na família, na sociedade, no lar. Invadiu tudo e imiscuiu-se em tudo. Embalou a rede da sinhá, foi pajem do sinhô-moço, o escudeiro do sinhó. A ama, amamentou todas as gerações brasileiras; a mucama, a todos acalentou; o homem, para todos trabalhou; a mulher, a todos entregou. (VERÍSSIMO, 1985, p. 69)

Até o século XIX, a presença dos negros escravizados na vida brasileira era entendida como uma necessidade, pois grande parte dos processos relacionados ao trabalho produtivo estava associada às atividades desenvolvidas por estes indivíduos. Desta forma, era recorrente a preocupação com mecanismos que possibilitassem a sua utilização como trabalhadores escravizados, mas que ao mesmo tempo permitissem o controle de suas influências na dinâmica social. Foi em meio a este dilema que a educação foi vinculada à população negra livre, adquirindo as feições de um instrumento de controle capaz de definir lugares precisos para esses indivíduos no espaço social.

Neste artigo, pretendemos tratar deste processo a partir de um enfoque específico na população negra de Minas Gerais que, no século XIX, se encontrava na condição de liberdade, fazendo-se presente nas escolas de instrução elementar. Desta forma, apresentaremos uma análise sobre a política educacional que, em 1835, estabeleceu a obrigatoriedade da instrução elementar, confrontando-a com dados relativos à população de Minas, cuja principal marca era a presença majoritária dos negros. Em seguida, procuramos apresentar alguns dados sobre o perfil racial das escolas mineiras, destacando o predomínio dos negros nas aulas de instrução elementar e a implicação disso com aspectos ligados à prática dos professores. Por fim, realizamos uma análise contrapondo dados sobre as escolas de instrução elementar e as escolas secundárias, chamando a atenção para as formas de classificação racial dos professores, que demonstravam uma tendência de branqueamento dos alunos negros.

OBRIGATORIEDADE ESCOLAR E A POPULAÇÃO NEGRA DE MINAS GERAIS

Um dos aspectos mais interessantes em relação ao processo de escolarização em Minas Gerais, no século XIX, está relacionado ao estabelecimento da obrigatoriedade da instrução elementar. A Constituição do Império, de 1827, estabeleceu a gratuidade da instrução, mas não havia determinado a sua obrigatoriedade. Em 1835, a Lei mineira de nº 13 se sobrepôs à Constituição, estabelecendo que em Minas Gerais a instrução elementar era gratuita e obrigatória.[16]

Esta lei é um marco para o entendimento em relação ao processo de escolarização em Minas Gerais, e o que tem sido destacado pela historiografia é o seu caráter simbólico, já que não havia condições para o cumprimento da obrigatoriedade naquele período. Mesmo considerando a impossibilidade de sua implementação efetiva, é preciso considerar que esta lei foi fruto de uma preocupação do governo de Minas com os aspetos relativos à educação, pois ela continha elementos que procuravam estabelecer diretrizes para a educação em relação a vários aspectos.

A lei era composta por 30 artigos, que definiam aspectos como a divisão da instrução primária em dois graus: o público ao qual era dirigida a instrução (os meninos de 8 a 14 anos) e incentivos para educação do sexo feminino. Trouxe várias questões relativas ao processo de formação dos professores, como a criação de uma escola normal, o investimento no aprimoramento dos métodos de ensino e as condições para inserção e atuação na carreira do magistério.

Dentro do conjunto de normas estabelecidas para a instrução pela Lei nº 13, o que mais chama a atenção é a sua sobreposição à Constituição do Império, ao estabelecer a gratuidade e a obrigatoriedade

---

[16] O Ato Adicional de 1834 concedeu às províncias do Império a autonomia em relação à política educacional; isso possibilitou à província de Minas Gerais estabelecer a obrigatoriedade da instrução elementar.

escolar. Minas Gerais foi uma das primeiras províncias brasileiras a estabelecer este dispositivo, e isso pode ser interpretado como uma manifestação clara da importância atribuída à educação do povo, pois se tratava de algo que estava fora do alcance da ação governamental, que não tinha como disponibilizar vagas para o atendimento do que foi estabelecido pela lei, ou seja, a instrução de todas as crianças livres, do sexo masculino, de 8 a 14 anos. Estava também distante da grande maioria da população, que estava longe de dispor dos recursos necessários para o cumprimento desta exigência.

Na verdade, a obrigatoriedade da instrução elementar era parte de um projeto cujo objetivo era disciplinar a população mineira, garantindo a sua inscrição nos aportes civilizacionais tidos como indispensáveis para afirmação e desenvolvimento da região. A relação entre educação e civilização foi articulada com força no discurso das autoridades de todo o Império, mas pode se dizer que tem um significado específico no que tange à província de Minas Gerais, e isto está relacionado com o perfil de sua população, cuja principal característica era o predomínio absoluto dos negros em meio à sua estrutura demográfica.

Clotilde Paiva (1996) utilizou os dados censitários referentes à década de 1830 para estabelecer uma estimativa da população livre de Minas e registrou o número de 269.916 indivíduos nesta condição. Esta população de condição livre era composta por 41% de brancos e 59% de negros – classificados como pretos, pardos, crioulos e africanos. Quando acrescentamos a esta população livre os dados relativos aos escravos, 127.366 indivíduos – quase metade da população livre –, não resta dúvida quanto à presença hegemônica dos negros na população mineira.[17] Isso pode ser visto no GRÁF. 1, que reúne toda a população de Minas, dos anos de 1830, destacando os dois grupos raciais que predominavam na população:

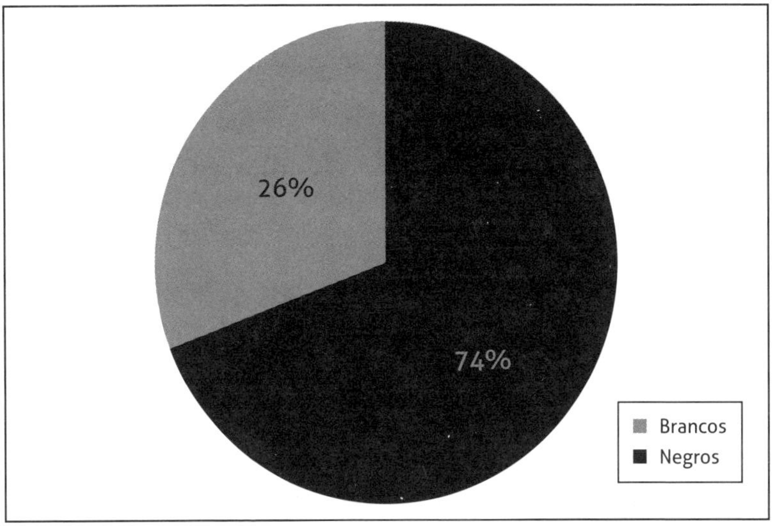

GRÁFICO 1 – População de Minas Gerais nos anos de 1830 – por raça/cor

Fonte: Adaptado de Paiva (1996).

Na visão das elites do século XIX, esta composição da população era tida como negativa, exigindo a construção de instrumentos

[17] No século XIX, os africanos e seus descendentes eram designados por termos como "pretos", "pardos", "crioulos", "cabras", "mulatos" etc. Cada um destes termos tem um significado específico em relação às formas de classificação do século XIX, como veremos em algumas análises deste artigo e como pode ser visto em Fonseca (2009a). Portanto, quando utilizamos o termo *negro*, estamos nos referindo à reunião das diferentes formas de designação da população de origem africana, no período relativo aos anos de 1830.

de controle social para moralizar e civilizar o povo. No período mais próximo à abolição da escravidão, entre 1850 e 1888, o predomínio dos negros em meio à população brasileira era duramente criticado e as propostas de superação desta marca racial foram concebidas como estratégias de combate àquilo que era chamado de processo de africanização do país.

No período imediatamente após a independência (1820-1830), em que vigorava plenamente a escravidão e no qual praticamente não havia restrições ao trabalho escravo,[18] as críticas ao perfil racial da população não eram diretas, pois criticar a *africanização do país* implicaria colocar em questão a escravidão como instituição responsável pela introdução dos negros escravizados na sociedade brasileira. Nesse sentido, o tráfico de escravos era concebido como um elemento que desempenhava papel estratégico na vida do país. Isto pode ser visto por meio do parecer da Comissão de Diplomacia e Estatística criticando o acordo entre Brasil e Inglaterra para abolição do tráfico de africanos, em 1827:

[18] Entre as mais importantes restrições ao trabalho escravo estão o fim do tráfico de africanos, que foi estabelecido desde a década de 1820, mas efetivado apenas em 1850, e a libertação das crianças nascidas de mulheres escravas, em 1871. Além destas medidas que estão no cerne daquilo que a historiografia denominou de processo de abolição do trabalho escravo, há algumas outras de menor impacto, mas importantes dentro do contexto da abolição. Entre elas, destaca-se: favorecimento do pecúlio por parte dos escravos, proibição da venda de famílias de escravos em separado, fim do cativeiro para as pessoas idosas e fim da escravidão em algumas províncias do Império. Para uma análise deste assunto e suas relações com a educação, ver: FONSECA, Marcus V. *A educação dos negros*: uma nova face do processo de abolição do trabalho escravo no Brasil. Bragança Paulista: Ed. Universidade São Francisco, 2002.

> É prematura (a abolição do tráfico) por não termos por ora no Império do Brasil uma massa de população tão forte, que nos induza a rejeitar um imenso recrutamento de gente preta, que pelo decurso do tempo, e pela mistura de outras castas, chegaria ao estado de nos dar cidadãos ativos e intrépidos defensores da nossa pátria. É extemporânea, por ser ajustada em uma época em que a Câmara dos Deputados havia apresentado um projeto para diminuir gradualmente a importação da escravatura para o Brasil; e por não nos pertencerem mais as Ilhas dos Açores, de onde nos podia vir um imenso número de colonos infatigáveis, que povoassem a beira-mar, e os sertões do nosso Império. (*apud* LIMA, 2003, p. 96)

Os elementos acionados pelo discurso da Comissão na tentativa de evitar a abolição do tráfico de africanos devem ser vistos com toda atenção, pois é difícil crer que o recrutamento de *gente preta* estava relacionado com a construção de um povo que fosse capaz de defender a pátria. Na verdade, tratava-se de defender o tráfico de africanos como elemento fundamental para a manutenção da escravidão. Desta forma, o Parecer indica a importância desta população e a impossibilidade que existia, naquele momento, de se empreender uma crítica à africanização, como ocorreu com intensidade após os anos de 1850, quando de fato foi estabelecido o fim do tráfico de africanos, representando um indício claro de que a escravidão encaminhava-se para o seu fim.

No contexto dos anos de 1820, o reconhecimento da importância dos africanos estava restrito à sua função de trabalhadores escravizados, pois tudo que estava ligado a este grupo e transcendia o mundo do trabalho era objeto de crítica. Isto pode ser constatado por meio das considerações sobre as influências negativas que os escravos difundiam na sociedade e era tomado como algo que deveria ser combatido. Um dos instrumentos reconhecidos como necessários para este combate era a educação, que deveria ser utilizada como uma forma de minimizar os problemas decorrentes de uma sociedade na qual os escravos se faziam presentes tanto no mundo público como no privado. É o que revela o Presidente da Província, Bernardo Jacintho da Veiga, em sua fala dirigida à Assembleia Provincial:

> Outra causa não menos poderosa, a meu ver, que também embarga o rápido desenvolvimento da instrução em diversas Escolas, consiste na educação viciosa de algumas casas de famílias, ou pela triste necessidade de confiarem seus filhos ao cuidado de escravos, que jamais poderão inspirar-lhes sentimentos generosos. Se um hábil professor pudesse encarregar-se da educação de um menino desde o berço, seu trabalho seria seguramente coroado do mais feliz sucesso, mas os que entram para a escola tem já recebido certos princípios, que quando maus, não se podem corrigir com facilidade. (1840, p. 37)

Na crítica apresentada pelo Presidente da Província, em 1840, a escravidão não é condenada, nem tampouco apresentada como um problema. O que de fato incomodava eram as influências difundidas pelos escravos, e isso tornava necessária a difusão da instrução, idealizada como algo que ocorreria a partir da ação de um hábil professor que deveria exercer sua influência sobre as crianças desde a mais tenra idade.

Tendo como referência este tipo de consideração sobre a importância da educação, podemos observar que a obrigatoriedade da difusão da instrução pode ser relacionada com o perfil racial da população mineira, que, em maiores proporções que em outras províncias, tinha a necessidade de colocar em circulação os elementos tidos como necessários à civilização do povo. A recorrência com que se insistia na vinculação entre educação e civilização pode estar revestida destes elementos que caracterizaram a sociedade mineira na primeira metade do século XIX. Em análise relativa a este período, Cynthia G. Veiga afirma que:

> Neste sentido, o discurso da educação, fator universalmente constituído na modernidade como possibilidade de uma homogeneidade cultural, pré-requisito para o progresso, possuiu no Brasil uma singularidade em relação a outros países, ou seja, foi tomado em negativo. Ao afirmar as associações entre educação e civilização, as elites indicavam para a existência de uma barbárie que não estava na Igreja, ou ainda apenas nas superstições, nos gestos e nos hábitos da população, mas antes na sua cor de pele, na sua origem étnico-racial. (2003, p. 42)

Neste sentido, a obrigatoriedade da instrução e o caráter civilizacional que marcou os discursos da educação podem adquirir um significado específico quando os contrapomos às características da população. A partir deste contraponto, o caráter simbólico da obrigatoriedade escolar pode ser associado ao perfil racial da população mineira, que foi profundamente marcado pelas práticas escravistas fazendo com que os africanos e seus descendentes predominassem em sua estrutura demográfica.

Este fato pode ser tomado como uma das justificativas para que a legislação mineira fosse além do que havia sido definido pela

Constituição do Império, tornando-se uma das primeiras províncias brasileiras a instituir a gratuidade e a obrigatoriedade da instrução, estabelecendo, inclusive, punições para os pais que não enviassem seus filhos às escolas.

A educação era concebida como um elemento fundamental na constituição de um povo civilizado, e esta não era uma das características atribuídas à população negra. Portanto, era exatamente onde predominava esta população que a educação deveria ser tomada como um instrumento essencial na constituição de um povo civilizado. Desta forma, a ideia de civilização adquire uma dimensão específica e também pode ser considerada como um mecanismo de combate às influências disseminadas pelos negros na sociedade mineira.

Para dar um contorno mais nítido a este processo, podemos recorrer às características que Norbert Elias apresenta em relação ao conceito de civilização:

> Embora os seres humanos não sejam civilizados por natureza, possuem por natureza uma disposição que torna possível, sob determinadas condições, uma civilização, portanto uma auto-regulação individual de impulsos do comportamento momentâneo, condicionado por afetos e pulsões, ou desvio desses impulsos de seus fins primários para fins secundários, e eventualmente também sua reconfiguração sublimada... portanto, formas específicas de auto-regulação, que eles absorvem mediante o aprendizado de uma linguagem comum e nas quais, então, se encontram: no caráter comum do habitus social, da sensibilidade e do comportamento dos membros de uma tribo ou de um Estado nacional. O conceito de *caráter nacional* refere-se a isso. (2006, p. 21-23)

Formar um caráter a partir do controle e da redefinição de impulsos primários articulados a elementos próximos da ideia de um *caráter nacional* é aspecto recorrente do discurso e das práticas educativas do século XIX. Em meio ao processo de construção deste discurso, é preciso uma atenção em relação à população negra, pois, no que se refere a Minas, este não era apenas o público ao qual a escola estava destinada, mas aquele que efetivamente se fazia presente nas escolas de instrução elementar.

Quando utilizamos as informações relativas aos primeiros censos que foram realizados em Minas, nos anos de 1830, fica evidente que a maioria das crianças que se encontravam nas escolas de instrução elementar era negra.[19] Isso pode ser visto nos dados relativos a dez distritos mineiros que se encontravam na região central da província, ou seja, aquela que era a mais desenvolvida e que, no século XVIII, se estabeleceu a partir da exploração do ouro em torno das comarcas de Ouro Preto e do Rio das Velhas.

Os dados relativos a estes distritos revelam que esta era uma região em que os negros livres predominavam na população e tam-

---

[19] Minas Gerais foi uma das províncias que realizou censos antes de o Brasil começar a operar contagens populacionais com regularidade, o que passou a ocorrer após a realização do primeiro censo nacional, em 1872. Em Minas, segundo Bergad (2004, p. 153), "o primeiro censo que abrangeu toda a capitania foi realizado em 1776, seguido por contagens gerais da população em 1808, 1831, 1833-1835, 1854-1855 e pelo censo brasileiro de 1872, publicado e bastante conhecido". Neste artigo, produzimos um perfil racial das escolas com base em dados do censo que ocorreu em 1831, que está organizado a partir de listas nominativas de habitantes apresentando a população dos distritos desde o registro dos membros de cada domicílio. Para alguns distritos, encontramos no campo relativo à ocupação o registro das crianças que estavam na escola.

bém nas escolas de instrução elementar, como pode ser visto no GRÁF. 2.

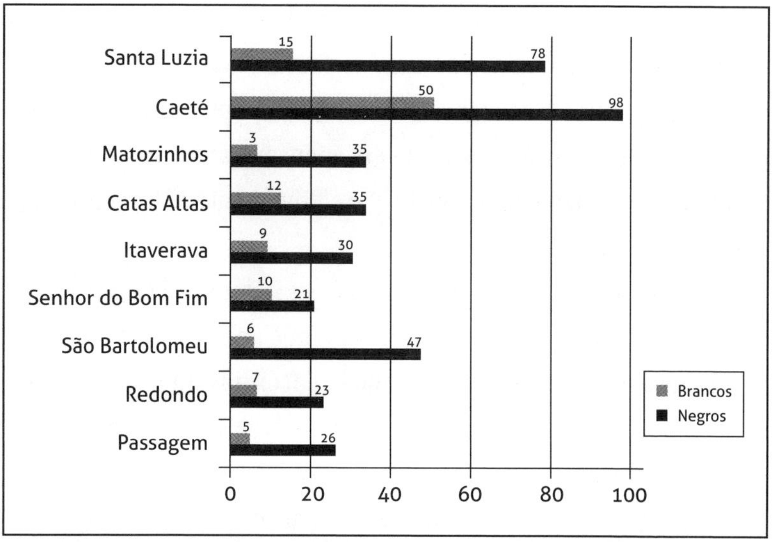

GRÁFICO 2 – Número de crianças na escola elementar no censo da província de Minas em 1831 – por raça

Fonte: Arquivo Público Mineiro – listas nominativas de habitantes.

As crianças negras, ou seja, aquelas que foram classificadas como pardos, crioulos, ou cabras, eram a maioria nos registros sobre a escola dos dez distritos que consultamos. Quando consideramos os dados gerais sobre estes distritos, temos, em média, uma presença de 77% de negros para 23% de brancos, para os alunos das aulas de instrução elementar. Portanto, podemos considerar não só que havia um discurso de caráter civilizatório que se voltava para a defesa da educação como instrumento capaz de disciplinar a população mineira, cuja expressão máxima foi a lei que determinava a obrigatoriedade da educação escolar, como também que havia um predomínio dos negros nestes espaços.

De outro lado, é preciso chamar a atenção para aproximação entre os dados sobre as escolas e aqueles que são relativos à população. Ou seja, o perfil racial da população e o das escolas apresentam números relativamente semelhantes: segundo Paiva (1996), os negros eram 74% da população mineira, e, como vimos, sua presença na escola está muito próxima deste índice (77%).

Em relação aos índices que apontam para esta semelhança entre o perfil racial da população e o da escola de instrução elementar, é preciso considerar que neste período havia restrições para a frequência de escravos às escolas públicas, o que é certificado pela documentação censitária que não registra membros deste grupo em processo de escolarização. Mas, mesmo excluindo os escravos que eram um contingente significativo da população, os negros eram aqueles que se faziam mais presentes nas escolas. Isso pode ser tomado como indício de uma forte relação entre a população negra de condição livre e os processos de escolarização.

A CLASSIFICAÇÃO RACIAL DOS ALUNOS NAS LISTAS DOS PROFESSORES DA INSTRUÇÃO ELEMENTAR

O predomínio dos negros nas escolas de Minas, do século XIX, deve ser entendido a partir de sua regularidade com o perfil da população e também como uma intenção da elite dirigente, que tinha como objetivo a constituição da educação como elemento para a formação de um povo ordeiro e civilizado, condições estas que não eram atribuídas aos negros. Esta, por sua vez, seria uma justificativa para o estabelecimento da gratuidade e da obrigatoriedade da instrução elementar, em 1835. Foi exatamente na província onde havia um predomínio dos negros na população que, pela primeira vez, a obrigatoriedade da instrução elementar foi tomada como elemento imprescindível à formação do povo. A inserção dos negros nas escolas de instrução elementar, do século XIX, necessita ser compreendida por meio da ideia de civilização como um aporte para o controle e o ordenamento social.

Desta forma, somos levados a considerar que a presença majoritária dos negros nos espaços escolares não implicou a constituição de uma prática pedagógica que não se servisse do preconceito racial que se fazia presente na sociedade da época. Ao contrário, tratava-se de espaços que materializavam, em termos pedagógicos, a hierarquia e os preconceitos presentes em um mundo organizado a partir das influências da escravidão.

Isso pode ser visto por meio das listas que foram elaboradas por professores, durante os anos de 1820 e 1830. Nesse material, os professores registravam seus alunos para encaminhar ao governo da província, que, desta forma, buscava conhecer a realidade das aulas públicas e particulares que existiam em Minas. Nessas listas, alguns professores assinalaram o pertencimento racial dos alunos. Não se trata de um material numericamente expressivo, mas este é, sem dúvida alguma, um elemento importante para uma aproximação acerca da conduta dos docentes em relação à condição racial dos alunos.

As listas que contêm os registros sobre o pertencimento racial de alunos se referem a quatorze aulas públicas e particulares de diferentes pontos da província. Nove destas aulas eram de escolas de instrução elementar e eram dos seguintes distritos: seis da Vila de Paracatu do Príncipe, uma do Arraial de Desemboque, uma do Arraial de Nossa Senhora da Boa Morte e uma do Colégio de Bom Jesus de Matosinho , em Congonhas do Campo.

A forma como se dá o registro do pertencimento racial nestas listas é variável, mas ocorre pelo uso de algumas categorias específicas. Em geral, há o registro de três grupos de indivíduos, dois são comuns a todas as listas: os brancos e os pardos. Além destes, há outro grupo que é denominado com termos variáveis e aparece em algumas listas como crioulos e, em outras, como pretos, negros ou mestiços. As listas dos professores revelam a mesma realidade que constatamos a partir da documentação censitária, ou seja, confirmam o predomínio dos negros nas aulas de instrução elementar, como pode ser visto no QUADRO 1.

QUADRO 1 – Perfil racial da instrução elementar de acordo com as listas de professores (1820-1830)

Nome do professor	Localidade	Alunos			Total
		Brancos	Pardos	Crioulos	
Prof. Part. Joaquim Antonio de Aguiar	N. S. da Boa Morte	02	04	-	06
Prof. Manoel Assunção Ferreira	Vila de Paracatu	03	03	-	06
Prof. Manoel Pereira de C. Gomes	Vila de Paracatu	08	08	03	19
Prof. Thomas Francisco Pires	Vila de Paracatu	13	14	04	31
Prof. Part. Tomé Ferreira Brito	Vila de Paracatu	03	05	01	09
Prof. Part. Thomé José dos S. Batalha	Vila de Paracatu	22	31	08	61
Prof. Domingos da Costa Braga	Vila de Paracatu	07	01	01	09
Prof. Part. Antonio Alvim de Mello	Distrito de Redondo	43	02	01	46
Prof. Antonio Vieira A. da Cunha	Vila de Desemboque	17	11	01	29

Fonte: Arquivo Público Mineiro – IP 3/2, caixa 01.

Das nove listas das aulas de instrução elementar, cinco eram particulares e quatro públicas. Nas aulas de cinco professores, os alunos registrados como negros (pardos e crioulos) aparecem em número superior aos brancos; em uma delas, eles se encontram na mesma proporção e, em apenas três, os brancos são maioria.

Esta superioridade numérica dos alunos negros merece toda atenção, pois é um registro importante acerca do comportamento dos negros em face dos processos educacionais em relação às aulas públicas e privadas. Entretanto, devemos ficar atentos para o fato de que a representação de negros e de brancos não é muito desproporcional nas aulas que registram um pequeno número de alunos. Ou seja, em aulas onde havia menos de dez alunos, como em Nossa Senhora de Boa Morte, ou em Paracatu (na aula do professor Domingos da Costa Braga), ou ainda na aula de Tomé Ferreira Brito, a superioridade de um dos grupos não era muito acentuada e os números de alunos negros e de brancos eram sempre próximos. O mesmo pode ser verificado em relação às aulas em que os negros eram maioria, pois, apesar de sua superioridade numérica, não havia grande diferença em relação aos brancos.

Apenas na aula do professor Antônio Alvim de Mello encontramos uma desproporção acentuada em favor de um dos grupos, pois, de um total de 46 alunos, apenas três eram negros. Trata-se da única lista em que poderíamos dizer que os alunos negros estavam sub-representados e em concordância com a visão tradicionalmente construída pela historiografia, que tende a registrar a presença dos negros nas escolas do século XIX como algo esporádico ou casual.

Para compreender a sub-representação dos negros nesta lista, é preciso considerar que esta era uma das escolas mais importantes da província: o Colégio Bom Jesus de Matosinho. Este colégio possuía um perfil altamente elitizado, congregando alunos das mais diversas regiões do país, em regime de internato e externato. Dos 46 alunos que figuram na lista do professor deste colégio, 21 eram originários de Minas Gerais e 25 eram de outras províncias, principalmente São Paulo e Rio de Janeiro.[20]

O conjunto das nove listas dos professores de primeiras letras que atuaram em Minas Gerais, nos anos de 1820 e início de 1830, revela que os negros compunham a maioria dos alunos presentes em suas aulas e, mesmo quando não eram a maioria, estavam presentes em número próximo ao dos alunos brancos.

Os registros dos professores revelam também uma hierarquia na organização das listas: em geral, os brancos são apresentados em primeiro lugar, em seguida, os pardos e, finalmente, aqueles que eram denominados de pretos, crioulos, ou termos afins.

A regularidade dessa hierarquização nesse conjunto de listas nos leva a crer que o pertencimento racial era um componente da prática pedagógica e que havia por parte dos professores expectativas diferenciadas em relação aos alunos negros e brancos.

Podemos encontrar nas listas de professores elementos bastante sutis que corroboram essas suspeitas. Na lista do professor Thomas Francisco Pires, que possuía uma escola de primeiras letras na Vila de Paracatu, em 1823, havia 31 alunos, e ele os registrou com nome, sobrenome, pertencimento racial e nível de desenvolvimento escolar. Estas são as informações que estão contidas na lista desse

[20] Esse colégio tinha um perfil semelhante ao famoso Colégio do Caraça, era administrado pelos padres da mesma congregação, inclusive.

professor, e somente em três casos encontramos um julgamento em que ele fez referências às qualidades dos seus alunos. Dois alunos brancos foram qualificados como hábeis para as letras: "Joaquim de Mello Franco, branco, já escreve letra fina e lê muito bem letra redonda, com um ano e meio de escola e é muito ágil para as letras e já conta". Esta qualificação positiva se repete para outro aluno branco, mas havia um terceiro aluno, pardo, que foi qualificado de forma diferente pelo professor. Ele é tido como estúpido e com habilidades apenas para as atividades agrícolas (cultura): "Jose Ferreira Lima, pardo com ano e meio de escola não lê por ser muito estúpido e não ter habilidade nenhuma se não para cultura".

Pode ser que o aluno José Ferreira Lima dividisse suas atividades escolares com trabalhos ligados às práticas agrícolas e isso tenha incidido no julgamento do professor, que viu nele um indivíduo "estúpido" e inábil para se inserir na cultura letrada. De qualquer forma, é estranha a maneira como o professor constrói o seu julgamento, que, na verdade, tem o formato de uma sentença que indica uma determinação sobre as potencialidades do aluno.

Este tipo de classificação se repete no registro do professor Thomé José dos Santos Batalha, também da Vila de Paracatu, em 1823. Apenas os alunos pardos e crioulos foram desqualificados: "Euzebio de Mattos Lima, crioulo, muito sem habilidade, com 4 anos e meio de escola, não lê nada, escreve muito mal" e também "Antonio Soares Roiz, pardo, sem habilidade alguma por que nada compreende, apesar de estar na escola a mais de um ano". Na lista deste professor os alunos brancos não receberam este tipo de classificação e quatro deles foram apontados com a distinção de que *aprendem a ler e escrever com desembaraço*. Nenhum aluno negro recebeu esse tipo de distinção, ao contrário foram, na maioria dos casos, registrados como *sem habilidade* (como nos casos acima) ou *lê e escreve mal*, ou *sofrível*.

O número de listas que utilizamos não possibilita uma análise conclusiva em relação à manifestação de preconceito racial nas práticas pedagógicas das escolas mineiras do século XIX, porém, a recorrência com que se distribuem os julgamentos negativos e positivos para os diferentes grupos raciais é um indício importante na avaliação da conduta das escolas desse período. Além disso, é preciso considerar que o preconceito racial era um elemento muito presente na sociedade mineira e é pouco provável a sua ausência nos espaços escolares, onde, como indicam as próprias listas, havia uma reunião dos diversos grupos que compunham a população mineira.

ASPECTOS RELATIVOS À CLASSIFICAÇÃO RACIAL DOS ALUNOS DA ESCOLA SECUNDÁRIA

A documentação censitária que utilizamos apresenta o registro dos alunos da instrução elementar e também dos alunos que frequentavam a escola secundária. Estes estudantes não aparecem em grande número em função da baixa difusão destas escolas pela província. No entanto, os dados registrados em relação a eles permitem a elaboração de um perfil desses alunos possibilitando uma comparação com os das escolas elementares.

Quando reunimos as pessoas que foram classificadas como estudantes da escola secundária na documentação censitária relativa aos 10 distritos que selecionamos, temos um total de 39 indivíduos. Destes, 33 foram classificados como brancos e apenas 6 foram designados como pardos. Estes dados demonstram que havia um predomínio absoluto dos brancos neste nível de ensino, 15,3% de negros e 84,7% de brancos. Isso pode ser interpretado como uma oposição entre o perfil racial do público presente na instrução elementar e aquele que compunha o universo representado pelos estudantes do nível secundário, que tinha como um de seus objetivos a preparação dos estudantes para o ensino superior.

A classificação também se ateve ao uso de duas categorias: brancos e pardos. A diversidade terminológica que compõe a documentação censitária, inclusive na classificação dos indivíduos que foram registrados nas escolas de instrução elementar (em que apareceram "pardos", "crioulos" e "cabras") não se faz presente no público representado pelos estudantes do secundário.

A única exceção que encontramos em relação a indivíduos que não foram listados como brancos ou pardos na condição de estudantes consta no registro da população do distrito de Redondo, onde estava o Colégio Bom Jesus de Matosinhos.[21] A lista do distrito de Redondo apresenta o Colégio Bom Jesus de Matosinhos como um domicílio, registrando todos os alunos, professores e escravos pertencentes à instituição como seus respectivos moradores. Foram assinalados como estudantes 110 indivíduos, sendo que destes 101 eram brancos, sete pardos e dois crioulos. A presença pouco

---

[21] Na lista nominativa do distrito de Redondo, o colégio Bom Jesus de Matosinhos aparece como um domicílio onde são registrados da mesma forma os alunos de instrução elementar e os do secundário. Como não há distinção entre os alunos dos diferentes níveis de ensino, não os consideramos na composição geral dos estudantes do secundário relativa às listas dos 10 distritos que apresentaram 39 estudantes, como vimos anteriormente.

expressiva dos crioulos em meio aos estudantes e a inexistência dos outros termos de classificação utilizados em relação aos negros e que se fazem presentes nos registros sobre as escolas de instrução elementar podem ser tomadas como mais um indício do processo de branqueamento dos negros que se encontravam em processo de escolarização, sobretudo aqueles que avançavam para os níveis mais elevados do ensino. Isto também pode ser tido como um indicativo de que a inserção e permanência nos espaços escolares incidia sobre a designação racial dos indivíduos, gerando certa estabilidade no padrão de classificação que caminhava em direção a um branqueamento dos estudantes do nível secundário.

Isto se torna ainda mais evidente quando contrapomos a lista nominativa desse colégio com listas de professores que são do mesmo ano. Estes documentos, revelam um padrão diferenciado de registro da condição racial dos alunos, indicando uma tendência de branqueamento na documentação originária do universo escolar.

Quando comparamos a lista nominativa que registrou o Colégio Bom Jesus de Matosinhos e as listas de professores que foram encaminhadas ao governo da província, encontramos 83 alunos que constam nesses documentos. Em relação a quatro alunos, há divergência sobre o registro do pertencimento racial, eles figuram como brancos nas listas do colégio, mas são registrados de outra forma na lista nominativa.

O primeiro caso se refere a um aluno da aula de primeiras letras, José Ozório da Fonseca, do Rio de Janeiro, que aparece como branco na lista do colégio e pardo na lista nominativa. Nos outros três casos, ocorreu a mesma situação, e temos estudantes que figuram nas listas do colégio como brancos e na lista nominativa como pardos: dois eram alunos da gramática latina do primeiro ano e um da gramática latina do segundo ano. O registro da lista nominativa, que é uma documentação censitária relativa ao espaço social, classificava como pardos estudantes que na lista do colégio figuravam como brancos. Em nenhuma situação encontramos o contrário, ou seja, um escurecimento dos alunos, pois não há casos em que estudantes figurem como brancos na documentação censitária e pardos na lista do colégio.

Trata-se de tipos diferentes de documentos: a documentação censitária que se refere ao mundo social e as listas de professores expressando as características do universo escolar. Indivíduos que no mundo social podiam ter a sua condição de negros reafirmada pela documentação censitária surgem como brancos na documentação relativa à escola secundária.

Os dados que utilizamos para a construção deste artigo e as pesquisas em relação à escolarização dos negros indicam que há uma supremacia dos pardos nos registros da documentação escolar relativa ao século XIX. Isto não pode ser atribuído simplesmente à miscigenação, pois deve ser tomado como expressão de uma tendência dos indivíduos que construíam os registros – na maioria dos casos professores – de classificarem negros em processo de escolarização a partir da condição de pardos. Neste sentido, a categoria "pardo" pode ser entendida como a representação mais elaborada do padrão de classificação dos negros em processo de escolarização.

Podemos ainda ampliar o âmbito de problematização desta questão considerando o padrão de classificação dos indivíduos em diferentes níveis de ensino. Desta forma, um negro que conseguia atingir a escolarização no nível secundário poderia ser "elevado", dentro da hierarquia racial do século XIX, à condição de branco.

Portanto, a escola construída como dispositivo civilizacional, cujo objetivo era a produção de um povo, pode ser tomada como um elemento que interferia no padrão de classificação racial dos indivíduos. Nesse padrão de classificação os brancos ocupavam o topo da escala, e dentro desta hierarquia os negros podiam ser deslocados na medida de seus níveis de inserção nos processos de escolarização formal.

CONSIDERAÇÕES FINAIS

Recentemente, o Brasil comemorou duzentos e cinquenta e dois anos de estabelecimento da escola pública. A referência para esta comemoração é o ano de 1759, quando os jesuítas foram expulsos do país dando início às aulas régias, sob a direção do governo da metrópole portuguesa. A constituição do Brasil como nação independente, em 1822, foi um ponto de inflexão em relação a este processo, representando a expansão e consolidação da instrução pública, sobretudo em Minas, que, como vimos, foi a primeira província a estabelecer a gratuidade e obrigatoriedade da educação escolar.

A vinculação entre educação e civilização é um elemento importante para compreensão das características que a escola adquiriu durante o seu estabelecimento e consolidação ao longo de todo este período. Em meio a este processo, é preciso considerar a atitude da escola em relação à população de origem africana, com destaque para a tendência dos agentes escolares em branquear os membros deste grupo. Esta é uma atitude que pode ser constatada em relação ao comportamento dos professores mineiros, do século XIX, que certamente tem paralelo com as experiências de outras regiões, e também se faz presente na educação brasileira nos dias atuais.

Em 2005, a pesquisadora Marília Carvalho publicou um artigo instigante, intitulado "Quem é negro, quem é branco: desempenho escolar e classificação racial", que tem como um dos seus objetivos avaliar o comportamento dos professores em relação ao pertencimento racial dos alunos.

A pesquisa de Marília Carvalho (2005) foi construída tendo como referência um estudo de caso em uma escola pública de São Paulo e, entre outras coisas, utilizou dados relativos à classificação racial feita pelos professores, comparando-a com dados provenientes da classificação feita pelas próprias crianças. Em relação a isso, chama a atenção o comportamento dos professores no sentido de branquear as crianças negras: "[...] percebe-se que as professoras tenderam a classificar um número muito maior de alunos como brancos do que eles mesmos o fizeram na auto-atribuição de cor. Para as educadoras, seriam 136 crianças brancas e 53 negras (pretas ou pardas), enquanto para os alunos e alunas seriam 80 brancos e 109 negros" (CARVALHO, 2005, p. 84). Ou seja, as crianças reconheciam um número de negros que era mais que o dobro daquele que era percebido pelas professoras.

Segundo Marília Carvalho (2005), a explicação para esta discrepância está no fato de que a classificação racial das professoras não tinha como referência apenas aspectos relativos às características físicas e socioeconômicas. Segundo ela, o desempenho escolar é um elemento importante neste processo, revelando uma forte tendência para a associação entre pertencimento à raça negra e problemas de desempenho. Ou seja, as professoras tendiam a classificar como negros apenas os alunos que apresentavam dificuldades em relação ao desempenho escolar. Os que se autoclassificaram como negros e tinham um bom desempenho eram percebidos pelas professoras como brancos.

As professoras chegavam mesmo a branquear seus alunos, como se isso representasse um mecanismo de proteção: "esse movimento apareceu em seu extremo no caso de uma professora que não classificou qualquer de seus alunos como preto e apenas uma menina como parda, tendo revelado-se ao longo da entrevista profundamente envolvida com sua classe e com grande clareza em seus objetivos pedagógicos e critérios de avaliação" (CARVALHO, 2005, p. 89). Isso foi percebido sobretudo no comportamento das professoras que se autoclassificaram como brancas, que manifestaram uma dificuldade de lidar com o pertencimento dos alunos:

> Parece que, para professoras brancas, habituadas a essa postura pretensamente neutra com relação a si mesmas, reconhecer algum pertencimento racial nas crianças é embaraçoso. Sendo esse pertencimento mais freqüentemente percebido nos negros e, além disso, tão intimamente associado a características negativas, elas pareciam fazê-lo apenas em último caso, particularmente quando se tratava de "suas crianças", alunos com quem mantinham relações afetivas e uma convivência estreita, como se tentassem protegê-los desse contexto, desses problemas relativos ao pertencimento racial. (CARVALHO, 2005, p. 92)

Não podemos deixar de considerar o conjunto de modificações em relação à escola entre os séculos XIX e XXI, mas, neste processo de transformação, é preciso considerar a permanência de um ideário civilizatório que se constituiu como uma identidade da educação brasileira. Esta identidade se manifesta das mais diferentes formas e, sobretudo em relação aos negros, tem como objetivo a ideia de formar um povo que deve deixar para trás suas ligações com a ascendência africana. Esta ideia de combate à africanização do país manifestou-se com força na educação do século XIX, por isso não foi por acaso que a província de Minas, que possuía um dos maiores contingentes de população negra – inclusive com o maior plantel de escravos do país –, foi a primeira a definir a escolarização como algo obrigatório. Em nenhum outro lugar a civilização do povo se fazia mais necessária para ordenar um espaço repleto de negros, livres e escravos, que disseminavam suas influências por todo o mundo social.

Este ideário que se fez presente no século XIX não desapareceu da educação brasileira. Quando consideramos as dificuldades em torno da implantação da Lei nº 10.639, de 2003, que tem como objetivo a superação de práticas pedagógicas que conferiram aos negros um tratamento pejorativo, é preciso levar em conta que o que está em questão não é apenas a necessidade de modificação das representações construídas em relação à população negra, tampouco a falta de material pedagógico, ou os problemas relativos à formação de professores. Trata-se de uma lei que caminha em sentido contrário a uma tradição que atribuiu à educação a função de moldar um povo, e dentro desta ideia de povo toda e qualquer referência às ligações com o mundo africano deveriam ser negadas. Branquear os alunos que estabeleceram algum tipo de contato com o aparato escolar é a manifestação mais contundente deste processo que confere à educação brasileira uma identidade que ganhou força no período relativo ao Império e se consolidou durante todo o período republicano. Em meio a todo este processo que se desenrola por quase dois séculos, podemos dizer que a superação desta característica tornou-se um dos maiores desafios para a afirmação da cidadania a partir do espaço representado pela educação escolar.

DOCUMENTOS CONSULTADOS

Listas nominativas de habitantes

LISTA nominativa dos habitantes de Bom Fim. Arquivo Público Mineiro: Fundo Presidente de Província – Documentos Microfilmados – rolo 02, caixa 06, doc. 15.

LISTA nominativa dos habitantes de Cachoeira do Campo. Arquivo Público Mineiro: Inventário Sumário dos Mapas de População – Documentos Microfilmados – rolo 01, caixa 01, pacotilha 09.

LISTA nominativa dos habitantes de Catas Altas. Arquivo Público Mineiro: Inventário Sumário dos Mapas de População – Documentos Microfilmados – rolo 07, caixa 18, doc. 09.

LISTA nominativa dos habitantes de Itaverava. Arquivo Público Mineiro: Inventário Sumário dos Mapas de População – Documentos Microfilmados – rolo 02, caixa 04, pacotilha 21.

LISTA nominativa dos habitantes de Matosinhos. Arquivo Público Mineiro: Inventário Sumário dos Mapas de População – Documentos Microfilmados – rolo 06, caixa 11, pacotilha 07.

LISTA nominativa dos habitantes de São Bartolomeu. Arquivo Público Mineiro: Inventário Sumário dos Mapas de População – Documentos Microfilmados – rolo 01, caixa 01, pacotilha 01.

LISTA nominativa dos habitantes de Passagem de Mariana. Arquivo Público Mineiro: Inventário Sumário dos Mapas de População – Documentos Microfilmados – rolo 07, caixa 17, doc. 05.

LISTA nominativa dos habitantes de Redondo. Arquivo Público Mineiro: Inventário Sumário dos Mapas de População – Documentos Microfilmados – rolo 02, caixa 03, pacotilha 26.

LISTA nominativa dos habitantes de Santa Luzia. Arquivo Público Mineiro: Fundo Presidente de Província – Documentos Microfilmados – rolo 13, caixa 35, doc. 04.

Documentos da Instrução Pública

ARQUIVO Público Mineiro. Seção Provincial – Fundo da Instrução Pública – IP 1/42, consultados caixa 01.

ARQUIVO Público Mineiro. Seção Provincial – Fundo da Instrução Pública – IP 3/2, caixa 01.

FALA dirigida à Assembléia Legislativa Provincial de Minas Gerais na sessão ordinária do ano de 1840, pelo Presidente da Província Bernardo Jacintho Veiga. Ouro Preto: Tipografia do Correio de Minas, 1840.

LIVRO das leis mineiras. Ouro Preto (1835-1883). Arquivo Público Mineiro.

REFERÊNCIAS

BERGAD, Laird W. *Escravidão e história econômica*: demografia de Minas Gerais (1720-1880). Bauru: EDUSC, 2004.

CARVALHO, Marília. Quem é negro, quem é branco: desempenho escolar e classificação racial dos alunos. *Revista Brasileira de Educação*, Rio de Janeiro, p. 77-95, 2005.

ELIAS, Norbert. *Escritos e ensaios*: Estado, processo, opinião pública. Rio de Janeiro: Jorge Zahar Ed., 2006.

FONSECA, Marcus V. *A educação dos negros*: uma nova face do processo de abolição do trabalho escravo no Brasil. Bragança Paulista: Ed. Universidade São Francisco, 2002.

FONSECA, Marcus V. Apontamentos para uma problematização das formas de classificação racial dos negros no século XIX. *Revista de Educação Pública*, Cuiabá, p. 201-220, 2009a.

FONSECA, Marcus V. *População negra e educação*: o perfil racial das escolas mineiras no século XIX. Belo Horizonte: Mazza, 2009b.

LARA, Silvia Hunold. *Fragmentos setecentistas, cultura e poder na América Portuguesa*. Tese (Doutorado de Livre Docência) – UNICAMP, Campinas, 2004.

LIMA, Ivana Stolze. *Cores, marcas e falas*: sentidos da mestiçagem no Império do Brasil. Rio de Janeiro: Arquivo Nacional, 2003.

NABUCO, Joaquim. *O abolicionismo*. 4. ed. Petrópolis: Vozes; INL, 1977[1883].

PAIVA, Clotilde Andrade. *População e economia nas Minas Gerais do século XIX*. 1996. Tese (Doutorado) – FFLCH, USP, São Paulo, 1996.

VEIGA, Cynthia Greive. *Alunos pobres no Brasil, século XIX*: uma condição da infância. Belo Horizonte: UFMG, 2003. Relatório de Pesquisa FAE.

VERISSIMO, José. *A educação nacional*. 3. ed. Porto Alegre: Ed. Mercado Aberto, 1985[1889].

Informação bibliográfica deste texto conforme a NBR 6023:2002 da Associação Brasileira de Normas Técnicas (ABNT):
FONSECA, Marcus Vinícius. A educação e controle em relação à população negra de Minas Gerais no século XIX. *In*: FONSECA, Marcus Vinícius; SILVA, Carolina Mostaro Neves da; FERNANDES, Alexsandra Borges (Org.). *Relações étnico-raciais e educação no Brasil*. Belo Horizonte: Mazza, 2011. p. 61-91. ISBN 978-85-7160-545-9.

4. PENSAR A EDUCAÇÃO, PENSAR O RACISMO NO BRASIL

por LUIZ ALBERTO OLIVEIRA GONÇALVES

"Escrever um ensaio sobre o racismo e a educação no Brasil" é sempre um desafio, que aumenta muito quando temos de apresentá-lo dentro de um colóquio com pesquisadores da história da educação, sobretudo quando não se é um deles, como é o nosso caso. De tempos em tempos, eles surpreendem-nos com novas informações, novos dados. Desencavam arquivos e fazem emergir uma quantidade de coisas que estavam ocultas, esquecidas ou desprezadas em algum santuário ou mesmo em velhos casarões *de la noblesse* decadente. O certo é que jorram fatos desconhecidos por fontes luminosas, trazendo um mundaréu de coisas que nos obrigam a rever concepções já consolidadas ou até mesmo a mudar de posições outrora defendidas. É claro que isso não é ruim, é desafiador, mas não é o pior dos mundos Sentimo-nos com muita sorte por possuir um bom repertório de cacoetes sociológicos. São eles que nos salvam nesses momentos tão difíceis, pois as imprecisões que certamente iremos cometer ao longo do presente texto podem ser atribuídas aos vícios de linguagem e de pensamento que herdamos de nossos mestres; logo, que nos desculpem os leitores.

Escolhemos escrever sobre o tema partindo de nossos estudos acerca dos movimentos negros no Brasil que ocuparam a cena social nas primeiras décadas do século XX (GONÇALVES, 1997). Em nossas pesquisas, sempre nos interrogávamos acerca da emergência do protesto dos negros, pelo menos em algumas cidades da época, em uma sociedade recém-saída da escravidão. Nunca nos conformamos com a ideia de que indivíduos recém-libertos do cativeiro se transformassem, de uma hora para outra, em lideranças urbanas que mobilizariam afrodescendentes para lutar por uma nova condição em uma sociedade em transformação que se erigia sob a ordem competitiva do mundo capitalista. Não aceitávamos também que isso se desse do dia para a noite. O que sempre nos interessou foi conhecer como se prepararam para isso, o que os motivou, que ações coletivas desenvolveram, como se constituíram em sujeitos da própria ação, e assim por diante.

Foi nessa linha de pensamento que nossos estudos nos encaminharam para entender o papel que as irmandades religiosas dos homens pretos no período colonial e imperial desempenharam na formação dos afrodescendentes (GONÇALVES, 2000). Posteriormente, analisamos textos de historiadores que registravam iniciativas ainda no período escravocrata nas quais os pretos (livres e escravos) eram integrados em processos de escolarização formal. Na maioria dos casos, tratava-se de iniciativas lideradas por abolicionistas que tinham muito mais o objetivo de minar o sistema escravagista mobilizando setores dos homens negros para sua causa do que um movimento de construção de uma nova imagem dos homens negros brasileiros (PERES, 1995).

Outros estudos nos ajudaram a entender como algumas iniciativas governamentais, embora tivessem como objetivo a educação profissional das crianças negras e livres, não foram desenvolvidas conforme se esperava. Marcus Vinícius Fonseca (2000), estudando o que teria acontecido com as crianças beneficiadas pela Lei do Ventre Livre, analisou a não resposta dos proprietários dos escravizados aos desígnios da lei. Não só não encaminharam as crianças às escolas criadas para recebê-las, como muitos as mantiveram em suas propriedades, não mais legalmente como escravizadas, mas trabalhadoras subalternas ou em regime de trabalho forçado. Tudo indica que a escolarização das crianças, filhas e filhos de escravizados, no Brasil imperial, não se deu da mesma forma em todas as províncias. Estudando os efeitos da Lei do Ventre Livre em Pernambuco, Peter Eisenberg interpreta, nos documentos analisados, a forma como os proprietários dos engenhos buscavam tirar vantagens do episódio. Entendiam que a única maneira de manter os libertos nas suas propriedades depois que estes completassem 21 anos era "instruí-los para o trabalho agrícola dando-lhes uma educação moral", caso contrário não ficariam, de forma alguma, nas terras do proprietário de suas mães (EISENBERG, 1989, p. 174) . Foi esse autor que nos mostrou, também, que quando a Lei Áurea foi sancionada a maioria da população negra já não era mais cativa. Muitos já haviam passado para o trabalho livre recebendo um soldo pela atividade desenvolvida.

Em Minas Gerais, por exemplo, pesquisadores(as) vão em busca de outras fontes e encontram novos dados – os tais que jorram faíscas inovadoras como fontes iluminadas. Cynthia Greive da Veiga (2004) encontra registros de matrícula, em "escolas" do século XIX, em Minas Gerais, de crianças não brancas, identificadas, conforme análise da própria historiadora, pela variação da cor da pele e pela miscigenação: negras e mestiças (*op. cit.*, p 18). Em outro estudo bem detalhado sobre esse mesmo tema, Marcus Vinícius Fonseca (2006) avança o debate, identificando uma lacuna importante na historiografia brasileira dedicada ao século XIX, Segundo esse autor, tratar os "sujeitos" da educação, de forma abstrata, não considerando seus pertencimentos étnicos e raciais, fez com que se mantivesse

> *vivo um certo imaginário* que tende a conceber a escola como espaço privilegiado dos brancos, desconsidera a luta encaminhada pelos negros na tentativa de utilizar a educação como instrumento de afirmação no espaço social e ignora os mais diferentes aspectos ligados à questão racial que, ao contrário do que se pensa, está ligada a elementos básicos dos processos colocados em curso na educação. (FONSECA, 2006, p. 35, grifo nosso)

Na sequência de suas análises, surgem dados que são surpreendentes. Segundo um levantamento populacional, em 1831, na província de Minas Gerais, registrou-se, em escolas das *primeiras letras* de vários distritos, um número muito superior de alunos negros – pardos, crioulos e cabras (mestiços de brancos com índios) – em relação aos brancos. Fonseca assinala, também, que os sujeitos eram definidos pela variação da cor da pele e pelo tipo de mestiçagem. Para se ter ideia das diferenças, Fonseca apresenta os dados encontrados em alguns distritos de Minas Gerais. Em Itaverava, mostra o autor, das 49 crianças registradas, 30 eram não brancas. No distrito de Matosinho, de 38 crianças, apenas três eram brancas, os outros eram pardos, crioulos e cabras. Essa desproporção é identificada pelo pesquisador em, praticamente, todos os distritos da província (FONSECA, 2006, p. 38-39). Tal proporção se inverte quando o autor analisa o levantamento de alunos, matriculados, em ensinos de graus mais avançados. Nestes, o número de estudantes brancos era bem maior (*idem*).

Mas mesmo assim é surpreendente o conjunto de dados que vem sendo apresentado por esses autores. Se havia, de fato, como apontam os registros analisados, essa superioridade de não brancos matriculados em escolas das primeiras letras do período imperial, o que justifica o baixíssimo acesso desse mesmo grupo nas escolas primárias no período republicano? Que ruptura foi essa? O que fez com que os negros ficassem de fora do sistema educacional público até a expansão de suas escolas, que começa em torno dos anos de 1950? Cynthia Greive da Veiga (2008) analisa aspectos que nos ajudam a compreender a produção dos registros. Segundo a autora,

> Curioso observar que, na organização da documentação sobre a instrução pública de Minas Gerais, destaca-se um importante diferencial nas escritas dos professores e/ou inspetores antes e depois da legislação provincial de 1835. Até esse ano, é possível encontrar registros da cor dos alunos e de freqüência de escravos;[22] não identifiquei

[22] O Primeiro Congresso Nacional do Negro foi realizado em Porto Alegre, em 1958, com a participação de delegações do Paraná, São Paulo, Minas Gerais, com a presença de intelectuais brancos, negros e de membros das comunidades locais. Os congressos irão se repetir em outras capitais, sempre com o objetivo de se atualizar uma pauta sobre agenda racial no Brasil. As análises desses congressos podem ser lidas na obra *O pan-africanismo na América do Sul* (1981), de Elisa Larkim do Nascimento.

> nenhum documento posterior com tais dados. Minha interpretação é de que somente a partir da lei provincial n. 13, de 1835, é que fica realmente oficializado em Minas Gerais o impedimento de os escravos freqüentarem uma aula pública, embora não haja restrições a aulas particulares, havendo até uma lei que possibilitava tal acesso. De acordo com a lei mineira n. 1.064, de 4 de outubro de 1860 (artigo 11), tem-se que: É livre o ensino da instrução primária em casas particulares que estiverem distante das povoações uma légua e a ela podem concorrer quaisquer pessoas de ambos os sexos, sem distinção de idade, estado, classe ou condição. (VEIGA, 2008, p. 510)

Ainda que permitida a presença de crianças não brancas nas escolas, havia sim interdições. Em nosso entendimento, isso não é uma invenção imaginária tal como sugerida por Fonseca. Ao contrário, esse abandono do poder público foi um dos motes do protesto dos movimentos negros no início do século XX, incluindo Minas Gerais.

Há uma questão de fundo que, a nosso ver, não foi considerada nas pesquisas acima citadas. O registro analisado pelos historiadores contém dados importantes sobre o pertencimento étnico e racial dos alunos. Mas não há qualquer discussão acerca do pertencimento racial de quem o registrou, ou seja, quem os produziu?

Clássicos da sociologia brasileira já nos mostraram o quanto a classificação racial no Brasil é complexa e controversa. Apenas para lembrar um dos estudos que fizeram apreciações extraordinárias sobre esse tema, trazemos à baila a obra *Preconceito racial de marca e preconceito racial de origem: sugestão de um quadro de referência para a interpretação do material sobre relações raciais no Brasil*, de Oracy Nogueira (1985 [1954]). Examinando a sociedade brasileira na primeira metade do século XX, esse autor vai identificar, nos processos de classificação racial, o tipo classificatório aplicado no Brasil para distinguir os pertencimentos raciais de um indivíduo. Segundo ele, naquele momento, os brasileiros, diferentemente dos estadunidenses, classificavam as pessoas pelas marcas (cor da pele, cabelo, formato de nariz, de boca) e não pelas origens (laços consanguíneos). A aparência teria, segundo ele, uma grande força classificatória.

Pensemos esse processo classificador no século XIX. Dependendo de quem tivesse o poder de dizer qual era o pertencimento racial do outro, a classificação seria dada pelo classificador e não pelo classificado. Veiga deixa claro em suas análises que o classificador era ou o professor ou o inspetor educacional da província, ou seja, pessoas que tinham esse poder. Como será que eles se autoclassificavam racialmente? Como será que eram classificados quanto ao pertencimento racial por viajantes europeus que passavam por Minas Gerais?

Sobre esse assunto, vale lembrar um minucioso estudo realizado por Rafael Guerreiro Osorio (2003), que nos esclarece acerca das classificações étnico-raciais que foram produzidas pelas autoridades da Corte imperial para serem integradas no censo demográfico no Brasil. Em um estudo feito com dados armazenados no Instituto de Pesquisa Econômica Aplicada (IPEA), o autor faz um breve histórico de como se construíam as tipologias de pertencimento étnico e racial, ressaltando as que foram incorporadas no primeiro recenseamento oficial, em 1872.

Segundo Osorio, o vocabulário étnico e racial no século XIX, diferentemente do que ocorre hoje, era muito elaborado e diversificado.

Ele identifica três formas pelas quais os indivíduos poderiam ser classificados. A primeira era pela posição ocupada na estrutura escravocrata: escravizado, peça, liberto, livre e forro. A segunda seguia a origem étnica dos indivíduos: angola, gêge, nagô, fula e outros. A terceira definia os indivíduos pelo tipo de mestiçagem: mulato, cafuzo, mameluco, crioulo, caboclo. E, por fim, pela cor da pele ou, como diria Oracy Nogueira, pela marca, como fazemos hoje: branco, pardo, preto.

Acima, já identificamos, com Veiga, quem registrava os alunos nas escolas mineiras na segunda metade do século XIX. Escolas que, como bem nos lembram Luciano Mendes de Faria Filho e Diana Gonçalves Vidal (2000), compunham um modelo que se caracterizava pela iniciativa dos pais que, em conjunto, criavam a escola e contratavam os professores. Não tinham vínculo com o Estado. Seria nos registros dessas escolas "familiares" que teria aparecido o pertencimento racial dos alunos identificados por Veiga e Fonseca, respectivamente? Caso tenha sido, é mais uma razão para se ter ainda mais cautela ao se concluir sobre o pertencimento étnico-racial do contingente dessa população escolar. Veja-se que não estamos questionando a importância dos dados do registro analisado por Veiga e Fonseca, respectivamente, mas a leitura que foi feita deles. Se, como pesquisadores plantados no século XXI, estamos com uma enorme dificuldade nas classificações raciais, o que tem dado panos para manga para se pensarem políticas de ação afirmativa com base no pertencimento racial, imagine-se isso no século XIX.

Hoje, no século XXI, na medida em que se reforça a ideia de Brasil mestiço, a polêmica na implantação de políticas de reparação se concentra em um intenso debate no qual os interlocutores, contrários a essas políticas, se interrogam sobre quem é negro no Brasil. Já no século XIX, segundo alguns historiadores, a questão era bem outra: o problema ali era saber: Quem era branco? Quem poderia se classificar como branco na terra *brasilis*?

Clóvis Moura (1977) foi um dos primeiros historiadores a discutir a classificação *do ser branco no Brasil*. Segundo ele, essa palavra trazia tantas conotações que *variava com a condição social, cultural ou política da cada um* (*op. cit.*, p. 20). O que ele nos diz é que, dependendo dos dotes e das propriedades, da qualificação intelectual e do *status*, um mestiço se definia (consciente ou inconscientemente) como branco. Uma gota de sangue, de índio ou de africano, não lhe tirava a "brancura". Ultrapassar a linha da cor, na segunda metade do século XIX, no Brasil, era a norma. Não havia qualquer vantagem, nenhum ganho em ser descendente de africanos ou de índios. A discriminação e exclusão nesses casos eram inevitáveis. Esconder a descendência para os mestiços foi uma forma de se proteger da humilhação. Como dizia um velho ditado: *No Brasil, passou de branco é preto*.

A historiadora Celia Maria Marinho de Azevedo (1987), analisando o negro no imaginário das elites do século XIX, oferece, em um dos capítulos de sua obra, extraordinários relatos, por meio dos quais nos foi possível ler como setores das elites brancas brasileiras se viam como brancos. Ou melhor, como essas elites tinham dificuldade de se verem como brancas a partir de um dado padrão de brancura. Descortina-se, nesse período, como assinala o historiador Peter Eisenberg (1989), um viés racista: a elite branca pensa o "negro" e o "índio" como categorias sociais, ou seja, ela constrói ideologicamente essas classificações. Mas essa mesma elite não consegue ver que branco é uma categoria como as outras, ideologicamente construída, e não um dado universal a partir do qual se mede o restante da humanidade. Essa maneira de tratar o outro diferente de si próprio e do seu grupo, categorizando-o pela raça, foi uma das versões do racismo no mundo moderno (TAGUIEFF, 1989). Nunca esquecendo que essas construções ideológicas são, como assinala Eisenberg, fruto de conjunturas históricas. No caso do Brasil do século XIX, foi nessa versão do racismo que "os interesses materiais das classes dominantes encontraram (...) uma justificativa científica para a importação de europeus, e a inferiorização da maioria dos brasileiros" (EISENBERG, 1987, p. 14).

Voltando à obra de Celia Maria Marinho de Azevedo (1987), selecionamos algumas passagens para introduzir na presente exposição. São hilários os relatos que a autora reproduz dos deputados da Assembleia Legislativa da Província de São Paulo (ALPSP), no final do século XIX, exaltando, ao presidente da Casa, a chegada de trezentas famílias de imigrantes vindas do sul dos Estados Unidos para São Paulo: os saxões. Estes, sim, vistos, por alguns parlamentares, como verdadeiramente brancos. No relato de um deputado reproduzido pela autora, encontra-se a seguinte afirmação: *as duas raças, latina e saxônia, neste país, hão de produzir alguma coisa melhor*. Na sequência, ele arremata: *se o defeito está na raiz e não nas folhas* (...) *se não é possível melhorar essa raça, ao menos procuremos o contato com o estrangeiro*. Frase que fez com que fosse reforçado por um colega: *Apoiado! Uma transfusão de sangue melhor* (*apud* AZEVEDO, *op. cit.*, p. 140-141). Mais à frente, o deputado que, no caso, tinha sobrenome saxão, ataca, como salienta Azevedo, as origens lusitanas: *O que foram os primeiros portugueses que vieram para o Brasil?*

Ele mesmo responde: *Foram homens degradados. A escória do reino português* (*apud* AZEVEDO, 1987, p. 141). Eles desenvolveram a população. Deitaram-se com negras e com índias, povoaram o país, espalharam a mestiçagem. No dizer do deputado, pode-se inferir que o branco lusitano era um branco de segunda categoria.

Aliás, alguns viajantes europeus não conseguiam identificar brancos no Brasil em hipótese alguma. Jean Louis Rodolphe Agassiz, médico e naturalista suíço, em viagem pelo Brasil, passando pelo Rio de Janeiro, Minas Gerais, Nordeste e Amazonas, ficou horrorizado com o que viu: mestiçagem generalizada, não conseguiu ver brancos de jeito algum (AGASSIZ, 1956[1872]). Marcus Vinícius Fonseca descreve o relato de um alemão, Hermann Burmeister que, de passagem por Minas Gerais, via negros e mestiços por toda parte, até ocupantes de cargos com algum poder, o viajante germânico os definia como pretos e pardos (FONSECA, 2006, p. 75). Darcy Ribeiro, em seu clássico *O povo brasileiro* (2004[1995]), é enfático ao dizer que já no século XVIII uma parte significativa dos paulistas que foram sucatear as minas de ouro e das esmeraldas nas Minas Gerais era integralmente formada por *mamelucos*. Sugere inclusive que não se falava português na época, mas tupi, pois a maioria das crianças (filhos e filhas dos homens portugueses desbravadores) tinha mães índias que possivelmente eram quem lhes ensinava a falar. Escritores do século XIX deixaram romances magníficos, retratando a difícil construção de identidade racial que enlouquecia as elites brancas brasileiras. Aloísio de Azevedo, por exemplo, em seu belo romance *O mulato*, descreve a sociedade escravagista de São Luiz do Maranhão como um agregado eugenista e arrogante que acreditava piamente descender de puro sangue branco português.

Feita essa pequena digressão, voltemos ao tema proposto. Mesmo registrando-se um número grande de crianças, identificadas por seus classificadores como pretas, pardas e mestiças nas escolas no Império, o fato é que, na era republicana, o quadro não era esse, em nenhuma das províncias brasileiras, e Minas Gerais não foi exceção, os registros apresentavam um déficit de crianças declaradas como pretas no ensino primário. É claro, aqui, continua o mesmo problema da classificação racial, com uma diferença, o censo oficial, como ressalta Osorio (2003) passa a dominar, no século XX, o processo nacional de classificação racial. Os oficiais de cartórios continuam registrando, nas certidões de nascimento, o pertencimento racial das crianças, e muitas vezes sem perguntar aos pais como classificariam seus filhos. Cada vez mais, predomina a identidade pela cor da pele, pela marca. Supostamente não se classificam mais as pessoas por sua origem étnica ou familiar.

Em estudo anterior (GONÇALVES, 1997), analisamos amplamente o protesto negro no Brasil, ao longo do século XX, tendo como suporte organizações negras que lutaram para colocar a questão racial dos afro-brasileiros nas agendas políticas, nas reformas sociais, sobretudo na educação. Mostramos o quanto cidades como São Paulo, Porto Alegre, Pelotas, Santos, Rio de Janeiro, Salvador, Recife, Belo Horizonte, entre outras, criaram organizações negras com fins bastante específicos, entre os quais, educacionais.

Nossas pesquisas sobre essas organizações sempre se orientaram pelas teorias do movimento social, ou, mais precisamente, pela sociologia do sujeito social. Ou seja, com isso queríamos mostrar que as questões educacionais visando à inclusão dos negros na sociedade nascem das lutas sociais, e não das benesses do Estado, menos ainda das ações filantrópicas. Hoje está cada vez mais claro que, embora admitamos que a filantropia no Brasil tenha um lastro respeitável, esta tem muita dificuldade de lidar com a questão racial. As entidades filantrópicas trabalham com pobres, mas não se comprometem com as organizações de combate ao racismo.

Ao sermos convidados para esse debate sobre como pensar, hoje, a questão da educação dos negros no Brasil, indicando os principais desafios, entendemos que, inicialmente, é fundamental colocar o papel do movimento negro no centro do debate. Nunca tivemos dúvida de que sem esse ator coletivo jamais teríamos pautado o tema do racismo e da discriminação racial nas agendas políticas e da justiça brasileira. Esclarece-se, de início, o sentido dado ao termo movimento negro. Este entendido na perspectiva da Sociologia do Movimento Social, com foco na obra de Alain Touraine, como sendo um conceito que exprime um conflito de um sujeito social que luta contra as lógicas do mercado e das técnicas e até mesmo contra os poderes autoritários. O movimento é a forma que os indivíduos encontram para interferir na sociedade e produzi-la em termos concretos e de imagens. Para Touraine (1995), o movimento cria, por exemplo, organizações com esse fim intervencionista. Assim, todas as vezes que, no presente texto, estivermos nos referindo a organizações negras, seja sob a forma de clubes, de associações, de confederações, ou outras, estamos sinalizando que se trata de uma entidade criada pelo Movimento Negro para incidir na sociedade. Dito de outra forma, o Movimento Negro não se confunde com suas organizações. Será a partir delas que começaremos a analisar a questão.

A EDUCAÇÃO NA AGENDA DO MOVIMENTO NEGRO BRASILEIRO

Nas primeiras décadas do século XX, ficaram famosos os clubes que agregavam afrodescendentes. Em muitos registros, apareciam como sendo associações de "homens de cor". Os próprios membros evitavam o uso da palavra preto, embora no recenseamento oficial, como nos lembra Rafael Guerreiro Osorio, já naquela época, se usassem os termos preto e pardo para designar descendentes de africanos. Na São Paulo da década de 1920, como destacou um ex-militante daquele período, José Correia Leite, as organizações dos "homens de cor" esforçavam-se para excluir tudo que lembrasse a herança africana (LEITE & SILVA, 1992). Esse aspecto foi muito discutido na obra de Roger Bastide e Florestan Fernandes (1955), para quem os afrodescendentes paulistas traíram suas origens africanas se autodenominando pretos ou negros (ou seja, pela cor da pele), distanciando-se de suas matrizes africanas. Para ele, os únicos que ainda defendiam esse patrimônio eram os afrodescendentes do Nordeste em especial os da Bahia. Aos poucos, os termos preto e negro foram sendo incluídos no vocabulário dessas associações, até mesmo as de São Paulo, que, aliás, deram origem a uma poderosa organização chamada Frente Negra Brasileira, que, em 1931, se transformou em partido político e, por isso mesmo, foi logo em seguida destruída pela ditadura Vargas.

Muitas dessas organizações, como dissemos acima, se empenharam em colocar a educação nas suas próprias agendas. Várias criaram escolas em suas sedes. O mais marcante desse período, e que vai se intensificar, sobretudo, nos anos 1950 e 1960, é o fato de que se buscava criar, nesse percurso, uma nova imagem do negro que o aproximasse cada vez mais das expectativas das elites brancas de um Brasil em desenvolvimento. Para vários autores, é nesse período que se desenha uma classe média negra no Brasil (RIOS, 2009; LONER, 2010; GIACOMMINI, 2006). Sobre esse assunto, há muitos estudos que mostram como esses modelos de embranquecimento vão sendo difundidos pela mídia, tendo a televisão como o veículo predominante e arrebatador (SILVA, 2010). Para nós, o que interessa ressaltar é como nesse contexto se colocava a educação e que papel ela tinha para as famílias negras. Estudar era uma das estratégias de ascensão social. O papel das organizações negras era mostrar para a sociedade branca que os negros eram tão capazes quanto os brancos para se integrarem aos padrões de comportamento dito civilizado (DOMINGUES, 2007).

É nessa fase de desenvolvimento do país que se toma cada vez mais consciência de que o Brasil não era uma democracia racial. Não só os estudos realizados por Florestan Fernandes, Roger Bastide e Luiz Costa Pinto, à época financiados pela UNESCO, desconstruíam o poderoso mito da democracia racial, como também as organizações negras e uma parte da imprensa crítica atestavam o racismo nas ruas, nas instituições, nos bares, nos clubes, nos esportes, e assim por diante (SILVA, 2010). Nesse momento, são essas organizações que intensificam o reconhecimento de uma identidade negra. O "homem de cor" tinha uma cor: era negro.

Muitos eventos vão dar força a essa classificação. Registram-se, por exemplo, encontros de entidades negras em vários lugares do Brasil. O Teatro Experimental do Negro, nas figuras de Abdias do Nascimento e de Guerreio Ramos, vai incentivar a realização de congressos nacionais,[23] mobilizando organizações negras de todo o Brasil. Nesses congressos, discutiam-se direitos civis, ampliação de espaços políticos e acesso à educação em todos os níveis. Começa-se a questionar, sobretudo, o forte movimento da construção de uma identidade nacional forjada pelo Estado Novo. Este foi um tema crucial para a militância afrodescendente no período em questão, nem sempre considerado nos estudos sobre o associativismo negro no Brasil. Será por quê? Na euforia de construir uma imagem da brasilidade, os negros, por meio de suas organizações, insistiam que o Brasil era negro. Pensar a nacionalidade sem a participação dos negros nas decisões era uma farsa (GONÇALVES, 1997).

Foi nesses congressos e não nos centros universitários que se começou a pôr em questão o sistema de classificação racial no Brasil. Apenas para lembrar, Abdias do Nascimento, em sua obra *O genocídio do negro brasileiro* (1978), denuncia a fragmentação de cores por meio das quais se definia o negro brasileiro: pardo, mulato, moreno claro, moreno jambo, cabra, enomenclaturas que, segundo ele, só serviam para dividir a comunidade negra. Essa fragmentação,

[23] Apenas para lembrar, uma ONG é constituída pela vontade autônoma de mulheres e homens que se reúnem com a finalidade de promover objetivos comuns de forma não lucrativa. Pode aparecer sob quatro formatos institucionais: associação, fundação, organização religiosa e partido político. Por não ter objetivos confessionais ou eleitorais, juridicamente toda ONG é uma associação civil ou uma fundação privada. Grande número de organizações negras que surgem nesse período passa a ter esse formato.

segundo o autor, era uma estratégia do poder das elites brancas para impedir a construção de identidade política racial. O que Abdias do Nascimento denunciava em sua obra tinha a ver, parece-nos, com o que Pierre Bourdieu (1980) falava sobre o poder atribuído a grupos de nomearem e classificarem outros grupos nas sociedades humanas. Segundo esse sociólogo, ao se estudarem os grupos coletivos que são nomeados ou classificados, por exemplo, pela cor ou raça, é preciso compreender que as operações sociais que levam a isso são produtos do ***processo de luta pelo poder de classificar***. Bourdieu alerta que é preciso rejeitar a ideia de que o poder está nas palavras em si, porque ele não está mesmo. Ele se encontra nos processos de disputa entre atores sociais com interesses antagônicos. É esse processo social que dá o poder a esse ou àquele grupo de nomear ou de classificar uns aos outros. Assim, pode-se ter uma classificação que divide ou fragmenta um coletivo ou, ao contrário, uma classificação que busque construir uma identidade.

No frigir dos ovos, todos esses fragmentos que Abdias do Nascimento (1978) denuncia ao se falar do negro tinham algo em comum, a saber: eles faziam parte do segmento majoritariamente discriminado na sociedade brasileira pela cor. Posteriormente, os pesquisadores vão dar visibilidade técnica para as denúncias feitas por essas organizações na década de 1960. Um exemplo dessa visibilidade é o clássico trabalho feito por Carlos Hasenbalg (1979) que mostra, a partir dos dados do Instituto Brasileiro de Geografia e Estatística (IBGE), como, de fato, a fragmentação de que falava Abdias do Nascimento formava a maioria da população brasileira que estava em desvantagem do ponto vista educacional. Na realidade, Hasenbalg designa essa tal maioria de os "não brancos" e nessa categoria incluíam-se não só os pretos, mas os pardos, os descendentes de índios, os mestiços de brancos com pretos e outros.

Veja-se, esse aspecto é importante. São as organizações negras dos anos 1960 que começam a interferir na forma como a sociedade brasileira produzia sua classificação racial, mostrando que não se tratava de um fenômeno puramente natural, mas de um problema político.

Para se ter ideia desse problema, lembremos os embates em torno da introdução dos itens cor e raça no recenseamento. Ter ou não ter esses itens é uma questão política e não técnica. Sem eles, não se consegue a visibilidade de como se situa a população negra (pretos e pardos) no conjunto dos indicadores socioeconômicos em relação à população definida como branca. Aliás, a não inclusão desses itens no censo foi interpretada por alguns autores como uma estratégia para reforçar a invisibilidade dos negros na sociedade brasileira. Nos recenseamentos de 1900 e 1920, o quesito cor foi ignorado. Voltou nos censos de 1940 até 1960. Já em 1970, no auge da ditadura militar, ele foi novamente retirado do censo. Considerando-se, como ressalta Luciana Jaccoud, (2009) que de 1964 (ano do golpe militar) até o fim da década de 1970, o regime militar, pautado em sua doutrina de segurança nacional, negou mais uma vez a existência de racismo no Brasil, não deve ser por acaso que, no censo de 1970, na tão decantada era do "milagre brasileiro", o item cor tenha sido excluído do questionário do IBGE. Com isso, impedia-se de se ter uma visão de como os "negros" se situavam nesse estágio milagroso (JACCOUD, 2009, p. 21-23).

Em nossos estudos sobre o Movimento Negro no Brasil, insistimos em não perder de vista a ação das organizações negras dos anos 1950 que tiveram que se retrair na década de 1960 diante do regime militar, mas que não deixaram de criar brechas para reivindicar a inclusão dos afro-brasileiros. Estudiosos dessas organizações vão mostrar a oscilação entre movimentos pró-integração dos negros, com a emergência de uma classe média negra que seguia *pari passu* a modernização do país. Classe média essa que tinha, ainda que limitado, um espaço na mídia e que acabava reforçando a ideia de um Brasil pacífico no que tangia à questão racial. Tal efeito midiático vai aparecer, sobretudo, nas capitais dos estados brasileiros.

Por exemplo, Andréia Rosalina da Silva mostrou em seu estudo sobe a Associação José do Patrocínio, atuante em Belo Horizonte entre 1952 e 1968, o quanto ela teve uma visibilidade na mídia convencional mineira e até em uma revista de circulação nacional como a *Cigarra*. Colunistas sociais a cobriam de elogios e afagavam o ego dos associados pelo modelo de elegância e glamour de seus sócios. Mas para isso os seus membros tiveram que sustentar uma imagem de sujeito negro ajustada aos padrões de comportamento das elites brancas, na forma de se vestir, de falar, se conduzir publicamente, e assim por diante (SILVA, 2010). Foi na esteira desse modelo que os membros mais velhos da José do Patrocínio acabaram desempenhando um papel importante na formação de seus filhos, incentivando-os a entrar para o sistema formal de ensino. Houve ali, naquele momento, um movimento consciente das famílias no sentido de colocar a educação como um instrumento de ascensão social (DOMINGUES, 2007; GUIMARÃES, 2002; 2003).

Mas houve outros tipos de organização não assimilados diretamente aos padrões da elite branca. Ao contrário, estes se conectavam a um movimento em prol da cultura afro-brasileira, com o fortalecimento dos blocos afros e que também investiram muito na educação (LIMA, 2008). Promoveram cursos, iniciaram crianças e adolescentes na leitura mais sustentada da cultura africana e do papel dos africanos na construção política brasileira. Aliás, é preciso fazer esse registro para deixar claro que a conquista adquirida pela Lei nº 10.639 de 9 de Janeiro de 2003, que visa ao ensino da história e da cultura afro-brasileiras nas escolas de ensino fundamental e médio, foi antecipada por uma série de experiências que aconteceram em muitas cidades brasileiras bem antes de existir um aparato legal.

É importante ressaltar que a Igreja Católica contribuiu também na composição de uma nova versão do Movimento Negro. Com ela, surgem as Associações das Pastorais Negras (APNs) e o Grupo da Consciência Negra (GRUCON). Ambos tiveram papel importante na formação de quadros políticos.

Enfim, todas essas organizações funcionavam como células de apoio à causa racial em suas diferentes versões: culturalista, integracionista, idealista, cristã, candomblecista, socialista. Pouco importa a versão ideológica do Movimento Negro que defenderam nos seus trajetos históricos, o fato é que dessas versões surgem os novos quadros políticos no contexto em transformação no final dos anos 1970, quando emerge no Brasil uma ação coletiva com objetivo de unificar a luta dos afrodescendentes: Movimento Negro Unificado (MNU) (HERINGER, 2006; GONÇALVES, 1997).

Com essa ação coletiva o termo negro assume uma conotação eminentemente política. O que quero dizer com isso? Por meio dela se pensa na construção das bases de uma democracia racial que foi definitivamente incorporada na Constituição de 1988. Com isso, queremos dizer que os negros não apenas participaram dessa empreitada com contribuições esporádicas, mas foram atores do processo. O MNU produziu quadros políticos. É nesse contexto que o movimento agrega politicamente, no conceito negro, todos aqueles que, no censo do IBGE, eram definidos como pretos e pardos. Isso fazia com que esse segmento aparecesse como majoritário em relação à população branca. Este era um fator mobilizador. Uma maioria que não tinha visibilidade na mídia. Não tinha presença nas esferas de poder. Estava majoritariamente fora das instituições educacionais, sobretudo das universidades. Era a parcela da sociedade economicamente ativa que recebia os menores salários. Enfim, tratava-se de uma definição que associava fortemente raça e classe, dando à primeira um destaque não muito comum nos estudos sociológicos da época.

Essas mudanças acontecem no momento em que, no Brasil, se constituem os movimentos de democratização da sociedade e o país avança nas transformações políticas com o fim da ditadura, o retorno das eleições e a promulgação da Carta Constitucional de 1988. Foram realizados vários encontros regionais do Movimento Negro, Sul e Sudeste, Norte e Nordeste, e Centro-este. Destes eventos, produziram-se debates sobre a educação e ampliação da representação política dos negros, nas esferas de decisão. Nesse período, registra-se a criação de órgãos tanto em âmbito estadual quanto municipal para tratar de assuntos da população negra. Foi assim no Estado de São Paulo, governo Franco Montoro, na Prefeitura do Rio de Janeiro, posteriormente no Estado do Rio de Janeiro, na gestão Leonel Brizola, e ainda em Salvador, em Porto Alegre, e assim por diante. Em âmbito Federal, cria-se a Fundação Palmares pela Lei Federal nº 7.668, de 22 de agosto de 1988, entretanto seu estatuto só foi aprovado pelo Decreto nº 418, de 10 de janeiro de 1992. Tem-se assim um primeiro ensaio de iniciativas que apontam para a constituição de políticas públicas mais consistentes para a promoção da igualdade racial, que só vão acontecer dez anos depois, a partir de 2002. Foi também nesse período, mais precisamente em 1985, que organizações do Movimento Negro de diferentes regiões do Brasil buscaram interferir na Política Nacional do Livro Didático, na época sob a responsabilidade da Fundação de Assistência ao Estudante, órgão do Ministério da Educação. Ali já se discutiam as questões de estereótipos negativos em relação aos negros, nas publicações didáticas que circulavam nas escolas e que eram adquiridas pelo poder público (COELHO & MELO 1988).

DESAFIOS NO CAMPO DA EDUCAÇÃO

É sempre bom ressaltar que, em todas as iniciativas supracitadas, organizações negras tiveram um importante papel de protagonismo. Os partidos políticos tomam a cena pública, tornam-se os atores privilegiados do processo de democratização, e os movimentos sociais vão se ajustando a essa nova ordem político-social do país. Alguns partidos políticos criam, na suas respectivas estruturas, departamentos ou secretarias para tratar das questões raciais. Dito de outra forma, inevitavelmente há uma partidarização da luta racial e um lento esvaziamento dos atores sociais. Estudos mostram que essa partidarização dos movimentos os enfraqueceu, tirando-lhes o lugar de protagonistas na luta política. Falaremos disso mais à frente.

Voltando ao tema proposto. Diante do acima exposto, temos condição de entrar diretamente nos desafios que hoje o Movimento Negro tem para enfrentar no campo da educação.

Comecemos ressaltando as principais transformações pelas quais o Movimento Negro passou na década de 1990. Com as mudanças políticas em âmbito nacional, a crise do Estado do Bem-Estar Social nos países do primeiro mundo – que deu lugar ao modelo neoliberal de desenvolvimento que se reproduziu para várias nações fora do eixo do Atlântico Norte, reduzindo a participação do Estado na melhoria das condições de vida das populações pobres e vulneráveis – e a globalização da vida do planeta com a proliferação de tecnologias hiperavançadas, as organizações negras brasileiras já existentes se refazem, surgem novas organizações e a elas se impõem novos desafios resultantes da conjuntura internacional.

A adequação às mudanças políticas traz uma nova configuração para as questões raciais. Antes de falar delas, vale dizer como as organizações negras se estruturam nesse período. Novas articulações, para além do MNU, se impõem. Uma delas é a União de Negros Pela Igualdade (UNEGRO) – fundada, em 1988, na Bahia, mais precisamente na cidade de São Salvador –, que advoga a ideia de um movimento para construção de uma sociedade socialista multirracial. Ainda que tenha nascido com cunho regional, introduzindo na Constituição estadual aquilo que chama de "capítulo do negro", e que tenha conduzido o mapeamento dos terreiros de candomblé, hoje a entidade, com 22 anos de idade, agrega representantes de 19 estados da federação. Pensando essa emergência, outra organização que surgiu, em 1991, com o mesmo caráter agregador da questão racial, foi a Coordenação Nacional de Entidades Negras (CONEN), fundada no I Encontro das Entidades Negras, realizado em São Paulo.

Como se vê, a reorganização do Movimento Negro se fez rapidamente. Entre a constituição do MNU (1979), passando pela UNEGRO (1988) e a CONEN (1991), temos apenas 12 anos. As entidades negras buscam adaptar-se às mudanças conjunturais. À medida que o país avança seu processo de democratização, fica mais evidente que a questão racial no Brasil gira em torno de dois eixos a partir do quais o Movimento Negro terá de combater: *a desigualdade racial e o racismo*. É a partir daí que esse ator coletivo tem de identificar quem são seus adversários, quem são seus parceiros e sobre qual foco atuar.

No que concerne às desigualdades raciais, estudos mostram, de forma escancarada, as disparidades entre negros e brancos no país em todas as esferas da vida econômica e social. Essas disparidades aparecem dentro dos mesmos segmentos de classe, já não era mais possível sustentar que o problema das desigualdades no Brasil era apenas econômico. Estava claro que nessas desigualdades havia componentes raciais. As organizações negras entendiam que mudanças nesse campo pressupunham ações políticas que incidissem nas esferas do Estado e da Economia de mercado. Como construir ações que pudessem fazer a diferença necessária nas políticas públicas? Dito de outra maneira, nasce, de forma duradoura, uma sensibilidade para o fato de que é preciso promover mudanças na relação entre a sociedade civil e as esferas públicas (SCHERE-WARREN; LÜCHMANN, 2004). Nesse campo, o Movimento Negro encontrou novos parceiros. Como veremos mais à frente, conseguiu inclusive apoio do capital privado sob forma de doações e da filantropia. Nessa linha, o apoio das organizações internacionais (Fundação Ford, Fundação Kellogg, Oxfam, DFID e outras) foi fundamental para fortalecer uma nova perspectiva das organizações negras, que tiveram que se estruturar em bases profissionais.

Entretanto, no que toca à questão do combate ao racismo, a situação é muito mais complexa, por algumas razões.

Primeira, porque isso pressupõe ter que lutar contra o mais terrível inimigo da luta contra racismo: o mito da democracia racial que de tempos em tempos ressurge no Brasil, vindo dos lugares o mais inusitados possível, e que impede qualquer ação que se insurja contra atos racistas na sociedade.

Segunda, porque se revelou na luta cotidiana que uma das características do racismo brasileiro é o fato de ele ser um fenômeno institucional (SILVÉRIO, 2002). Ou seja, existem mecanismos de discriminação racial que, como nos diz Antonio Sérgio Guimarães (1996), *estão inscritos na operação do sistema social e que funcionam, até certo ponto, à revelia do indivíduo* (GUIMARÃES, *op. cit.*, p. 156). O autor quer mostrar que as Ciências Sociais vêm redefinindo o conceito de discriminação que durante muito tempo ficou adstrito a atitudes individuais, ao preconceito deste ou daquele indivíduo. Guimarães, entretanto, mostra que há maneiras de agir discriminadoras que estão vinculadas ao *modus operandi* da instituição. Por força das organizações negras nos fóruns internacionais, a ONU acabou elaborando uma definição do racismo institucional como sendo "o fracasso coletivo de uma organização seja ela pública ou privada em prover um serviço apropriado e profissional às pessoas em razão de sua cor, cultura, ou origem étnica." (GUIMARÃES, op. cit, p. 156)

Por exemplo, Fúlvia Rosemberg (2000) mostrou, em seus vários estudos sobre a educação infantil no Brasil, que as escolas de pior atendimento (professores despreparados, atraso da verba de manutenção, falta de merenda) para esse público são aquelas que atendem crianças negras. Sérgio Adorno (1994; 1995), estudando as diferenças de assistência jurídica a presos, mostrou que a fase que corresponde ao momento em que se aguarda o julgamento é desigual para brancos e negros. Estes tendem a esperar mais tempo para evoluir o processo, a eles são destinados advogados pouco experientes, e assim por diante.

Para tornar mais compacta a presente exposição, passemos aos aspectos que mais influenciaram a renovação do Movimento Negro a partir dos anos 1990. A globalização e a realização de inúmeras conferências mundiais das Nações Unidas viabilizaram a interlocução de movimentos sociais em um âmbito jamais imaginado. Os fóruns mundiais acabam por fortalecer as organizações da sociedade civil, criando uma nova forma de interlocução: as redes. Os movimentos passam a ter dimensões internacionais. Cada vez mais, os fóruns locais e os internacionais se conectam de forma intensa.

Para Schere-Warren e Lüchmann, há uma mudança de paradigma. No interior dos muitos movimentos sociais (não de todos) surge uma abordagem crítica que incorpora o conceito de solidariedade com corte neoliberal de reforma do Estado. Segundo as autoras:

> Este novo paradigma prometeu novas relações entre Estado e sociedade preenchidas por ingredientes pautados na parceria público-privado, na idéia de "terceiro setor", na responsabilidade social, na filantropia empresarial e na solidariedade. É neste contexto que as ONGs passam

> a ocupar lugar e destaque na execução de ações e programas sociais desenhados a partir de uma orientação política pautada nos princípios da participação solidária, da focalização e do voluntariado. (SCHERE-WARREN; LÜCHMANN, 2004, p. 14)

É nesse contexto que, segundo Schere-Warren e Lüchmann, as organizações não governamentais ganham reconhecimento público, criam seus fóruns nacionais e internacionais. Fortalecem sua Associação – ABONG –, criada em 1990.[24]

O evento que marca a mudança de postura do Movimento Negro brasileiro deu-se em 20 de novembro de 1995, com uma marcha em Brasília, articulada em âmbito nacional pelo MNU, mas que teve a participação efetiva das seguintes entidades que compunham a comissão executiva nacional da marcha: Agentes de Pastoral Negros (APNs), Central de Movimentos Populares (CMP), Confederação Geral dos Trabalhadores (CGT), Comunidades Negras Rurais (CNR), Central Única dos Trabalhadores (CUT), Força Sindical (FS), Fórum Nacional de Entidades Negras (FNEN), Fórum de Mulheres Negras (FMN), Movimento pelas Reparações (MPR), Coordenação Nacional das Entidades Negras (CONEN), União de Negros pela Igualdade (UNEGRO) e Grupo de Consciência Negra (GRUCON) e a entrega de um documento no qual se apresentava um Programa de Ação com metas a serem cumpridas nos anos subseqüentes.[25]

---

[24] Disponível em: <http://www.leliagonzalez.org.br/material/Marcha_Zumbi_1995_divulgacaoUNEGRO-RS.pdf>. em maio de 2010

[25] Mensagem nº 7, assinada pelo Presidente da República e encaminhada ao Presidente do Senado em 9 de janeiro de 2003.

Ainda na era Fernando Henrique Cardoso, o Movimento Negro leva à criação de um grupo de trabalho interministerial que tinha como objetivo desenvolver políticas para valorização da população negra. O MPR produz e encaminha a um parlamentar do Congresso Nacional um projeto de lei que será o embrião do que recentemente foi sancionado, na gestão do governo Luiz Inácio Lula da Silva, com o título de Estatuto da Igualdade Racial.

Rosana Heringer, em seu belo ensaio sobre a "Promoção da igualdade racial no Brasil: um objetivo democrático" (2003), descreve a importância da mobilização das organizações negras na formulação da proposta de enfrentamento ao racismo. Lembra que o assunto ganha visibilidade em 2001, quando da preparação para a Conferência Mundial contra o Racismo. O ponto culminante foi o relatório do Instituto de Pesquisa Econômica Aplicada do Ministério do Planejamento, às vésperas da Conferência, admitindo as profundas desigualdades raciais no Brasil, revelando os indicadores que as mostravam sem subterfúgios. Foi a primeira vez que "o Estado brasileiro adotou um discurso anti-racista, trazendo o tema para o centro da agenda política" (HERINGER, *op. cit.*, p. 287).

O que houve de inovador nesse processo?

O relatório que o governo brasileiro preparou para a Conferência recomendava a *adoção de cotas para estudantes negros nas universidades públicas*. Heringer chama a atenção para a preparação da Conferência. Pela primeira vez, toma-se a decisão de que Estado ouviria outras instâncias e, a partir daí, reordenaria sua posição de outra maneira. Para isso, promoveram-se seminários nos quais se discutiam com especialistas e militantes os conteúdos que deveriam compor a posição do governo brasileiro na referida

Conferência Internacional (ANAIS..., 2001). Foi nessas discussões que apareceram: a) as fragilidades institucionais no trato do racismo e b) a necessidade de reformular marcos regulatórios que se ajustassem mais adequadamente ao combate às desigualdades raciais. Nessa preparação, fortaleceram-se as ONGs. Estas tiveram participação ativa em Durban, África do Sul. A partir daí, o Movimento Negro foi construindo uma nova forma de sustentabilidade da sua causa. Infelizmente, não é possível explorar essa transformação no presente artigo, pela complexidade que o tema implica, o que nos desviaria muito do assunto ora tratado. No momento, basta registrar sua emergência, pois será com base nessa nova institucionalidade das organizações do Movimento Negro que poderemos entender o que ocorre no atual estágio da luta contra o racismo no Brasil. Falaremos disso mais à frente.

Após a Conferência Mundial contra o Racismo, surgem algumas medidas do governo brasileiro beneficiando afrodescendentes. A primeira autoridade a adotar cotas para negros em sua pasta foi o Ministro do Desenvolvimento Agrário do governo FHC.

Foi nesse período também (final dos anos 1990) que as organizações negras conseguiram mobilizar parlamentares da Comissão de Educação, Cultura e Desporto da Câmara dos Deputados Federais, o que redundou no Projeto de Lei nº 259/1999, que se transformou, na gestão seguinte, no projeto de Lei nº 10.639/03, que dispõe sobre a obrigatoriedade da inclusão, no currículo oficial da Rede de Ensino, da temática "História e Cultura Afro-Brasileira", e dá outras previdências. Este projeto foi sancionado na gestão de Luiz Inácio Lula da Silva.

Penso que destrinchar um pouco os meandros da tramitação dessa lei ajuda a compreender o papel que os movimentos negros tiveram de desempenhar para se chegar onde se chegou. Basta lembrar que a reivindicação para se introduzir essa temática na formação básica de nossos alunos é antiga. Nas Conferências das Entidades Negras nos anos 1950 e 1960, este tema já estava lá. Intensifica-se o debate nos anos 1980, com a democratização do país e a volta das eleições para os governos estaduais. Ainda que de forma incipiente, algumas iniciativas foram tomadas para se introduzir essa temática no ensino fundamental. Essa foi, por exemplo, uma das ações desenvolvidas pelo Conselho de Participação da Comunidade Negra de São Paulo, na gestão de Franco Montoro, junto à Secretaria Estadual da Educação. Desenvolveram-se seminários, experiências em algumas escolas, gincanas incentivadoras, pesquisas, e assim por diante. Mas não passou disso. Não se constituiu em uma política propriamente dita. O mesmo aconteceu em Salvador, Rio de Janeiro, Porto Alegre e em muitas outras cidades do país.

Com a ação de alguns intelectuais à frente de algumas Secretarias de Educação, em especial em São Paulo, Minas Gerais, Goiás, Mato Grosso do Sul, a inserção desses conteúdos nos currículos escolares ficou um pouco complicada. Vigorou em alguns desses estados da federação a poderosa ideia de que a função da escola era desenvolver conteúdos universais. Por universal entendia-se: português, matemática, química, física, história geral e outros do mesmo porte. Essa mesma ideia teve forte apoio, na época, das secretarias do Ministério da Educação que acabou incidindo em todos os estados da federação. Questões de história, cultura africana e cultura indígena, tudo isso era secundário, ou, mais precisamente, não fazia parte do conteúdo universal para formação do cidadão brasileiro. Este foi um dos embates do Movimento Negro com as políticas em vigor à época, sobretudo do seu segmento que lidava com o tema da educação. Em 1986, a Fundação Carlos Chagas promoveu um encontro com pesquisadores que à época estudavam as questões raciais no Brasil, e essa interdição do conteúdo afro-brasileiro apareceu nos debates (RAÇA..., 1987).

O Movimento Negro passa a tomar consciência de que a mudança curricular no Brasil para atender suas reivindicações era muito complexa. Existiam vários interesses em jogo, que nem sempre estavam visíveis. Parte dessa discussão foi registrada em um evento promovido pelo extinto Instituto de Recursos Humanos João Pinheiro, em 1987, em Belo Horizonte, à época órgão da Fundação de Assistência ao Estudante, do Ministério da Educação, no qual organizações negras que faziam trabalho de educação nas comunidades das periferias de várias cidades discutiram os desafios a serem enfrentados pelas políticas públicas de educação. Em muitas áreas, o peso do poder econômico era muito grande. As editoras que produziam livros didáticos, que eram distribuídos nas escolas públicas, teriam que modificar seus projetos, caso se introduzissem as questões da cultura africana e dos negros no Brasil. Apenas para lembrar, essa indústria, na época (1987), produzia quase 30 milhões de exemplares de livros, que se espalhavam por todo o país. As organizações negras se davam conta de que o MEC era um dos maiores compradores de livros didáticos do mundo. Entendia-se que, para propor mudanças curriculares, seria preciso mexer em esquemas que já estavam montados.

O tema só evolui com o avanço do Movimento Negro e articulações com atores políticos, parlamentares. Para introduzir a temática desejada, era preciso criar um marco legal. Foi assim que, em 11 de março de 1999, dois deputados estaduais, um do Rio Grande do Sul e outro de Minas Gerais, propuseram o Projeto de Lei nº 259, de 1999, embrião da Lei 10 639/2003, acima citada, que visava tornar obrigatório o ensino sobre História e Cultura Afro-Brasileira nos estabelecimentos de ensino fundamental e médio, especificando o conteúdo a ser dado: História da África e dos Africanos, a luta dos negros no Brasil, a cultura negra brasileira e o negro na formação da identidade nacional, resgatando a contribuição do povo negro nas áreas social, econômica e política. A lei indica que os conteúdos deverão ser ministrados em todo o currículo escolar, em especial nas áreas de Educação Artística, Literatura e História brasileira. Ainda, a lei determina que as disciplinas no *ensino médio* deverão dedicar 10% de seu conteúdo programático anual ou semestral à História e Cultura Afro-Brasileira. O artigo 2º da lei impõe aos cursos de capacitação docente a participação de entidades do "movimento afro-brasileiro", das universidades e de outras instituições de pesquisa pertinentes à matéria. E, por fim, inclui, no calendário escolar, o dia 20 de novembro, como o Dia da Consciência Negra.

O projeto tramitou durante quase quatro anos entre Câmara e Senado. Vários pedidos de vista foram feitos, embora tenham retornado sem que houvesse alteração. Os questionamentos que levaram à possibilidade do veto (que de fato se confirmou, quando sancionado pelo Presidente da República) diziam respeito a dois pontos que, de certa forma, refletem interesses de outros grupos sociais, mas, evidentemente, a justificativa do veto aparece de forma técnica. No primeiro ponto, vetou-se a exigência da obrigatoriedade de 10% da carga horária anual ou semanal para esse conteúdo no ensino médio. Sem entrar ainda na justificativa dada ao veto, parece-nos que essa medida, nessas condições, afetaria as escolas privadas. Ter essa obrigatoriedade significaria mexer não só na sua carga horária, como também alterar seu corpo docente. Imaginem escolas das classes média e média alta terem de incorporar, anualmente, em 10% de sua carga horária total, conteúdos curriculares para falar da história de afro-brasileiros. No segundo ponto, o veto recaiu sobre a exigência de se ter membros dos movimentos afro-brasileiros na capacitação de professores. Imaginem professores dessas escolas sendo orientados por ativistas do Movimento Negro. A lei foi sancionada pelo Presidente da República, em março de 2003, mantendo os dois vetos.

A justificativa para o primeiro veto foi a inconstitucionalidade. Entendeu-se que a exigência desrespeitava o artigo 26 da LDB de 1996 que impõe o respeito às peculiaridades regionais e locais. São os sistemas de ensino que devem decidir sobre a parte diversificada do currículo segundo as características regionais e locais da sociedade, da cultura e da clientela.⊠ A justificativa para o segundo veto foi que o que estava sendo proposto era um corpo estranho à LDB de 1996. Foi vetada a participação de membros do "Movimento Afro-Brasileiro" nos cursos de formação docente, porque a LDB "não disciplina e nem tampouco faz menção em nenhum de seus artigos, a cursos de capacitação para professores" (Mensagem nº 7/2003). Logo, o artigo proposto contrariava uma "norma de interesse público da lei Complementar nº 95, de 26 de fevereiro de 1998, segundo a qual a lei não conterá matéria estranha a seu objeto" (Mensagem nº 7/2003).

O tema mais espinhoso na gestão Fernando Henrique Cardoso foi o das cotas para negros na universidade. O Ministério da Educação se mostrou radicalmente contra a adoção desse tipo de política.

Na contramão criou o Programa da Diversidade na Universidade e a Construção de uma Política Educacional Anti-Racista, com apoio da UNESCO e do Banco Interamericano de Desenvolvimento. A ideia central que orientava as ações era a da melhoria do ensino médio. A não entrada de negros na universidade estaria ligada à precariedade da oferta e da qualidade desse nível de ensino. Na ótica do Ministério, a entrada do contingente negro tinha de ser gradativa. Sua lógica era de que, melhorando o ensino médio ou oferecendo cursos preparatórios de pré-vestibulares populares, entrariam mais alunos negros nas universidades. Por intermédio desse programa aumentaram-se os cursinhos pré-vestibulares para preparar alunos afrodescendentes, sobretudo nas grandes cidades brasileiras.

A partir de 2003, o tema da promoção da igualdade racial entra na agenda do Governo Federal. Em março de 2003, cria-se a Secretaria Especial da Promoção da Igualdade Racial (SEPPIR), com *status* de Ministério. A composição da Secretaria e da sua estrutura foi feita a partir de uma negociação entre as organizações negras que participaram do programa de transição que esteve na base das discussões sobre a política e com acordos entre lideranças do Movimento Negro e facções dos partidos políticos. Ativistas importantes das organizações negras passam a ocupar cargos no *staff* governamental. Em uma mesma organização, havia ativistas militando em diferentes partidos políticos. Inicia-se assim uma nova fase para o Movimento Negro brasileiro. Pela primeira vez na história política do país, negros ocupam cargos de mando na esfera federal. Além da Ministra da Secretaria Especial da Promoção da Igualdade Racial, mais dois Ministros da nova gestão eram negros. E, ainda, foi nesse período que se indicou pela primeira vez um negro para o Supremo Tribunal Federal (HERINGER, 2003).

Uma vez criada a SEPPIR, uma de suas primeiras ações foi retomar o projeto de cotas para negros nas universidades, rejeitado, como dito anteriormente, pelo Ministério da Educação da era Fernando Henrique Cardoso. Na gestão de Luiz Inácio Lula da Silva, foi criado um grupo de trabalho interministerial, tendo à frente o MEC e a SEPPIR; além destes, participaram mais nove ministérios, o Conselho Nacional de Educação e a Advocacia-Geral da União. O objetivo era propor uma política de ingresso dos negros nas universidades. Lembrando que, nesse período, o Conselho Nacional de Educação, órgão que representa diferentes grupos de interesse da sociedade, tinha uma representante indicada pelo Movimento Negro.

Grande parte dessa história está relatada no texto de Rosana Heringer (2003) a que nos referimos, por isso não há necessidade de apresentá-la em detalhes. Basta recorrer à obra, cujo grande mérito foi fazer um apanhando documental importante das ações que se desenvolveram no período anterior à gestão de Lula até o início de 2004. A autora apresentou minuciosamente os desafios que o Movimento Negro teria que enfrentar em relação à implantação de políticas de igualdade racial em um momento em que, teoricamente, acedia ao poder um governo que se declarava parceiro nessa luta. E, ainda, o ensaio indica os pontos para o quais o movimento precisaria ficar alerta em face da complexidade do momento político e do jogo de interesses que se repactuavam no país. A seguir, faremos apenas um breve resumo sobre a proposta das cotas para negros, elaborada pelo grupo interministerial.

O tema das cotas para negros nas universidades foi rejeitado estrepitosamente. A proposta que o referido Grupo encaminhou à Casa Civil foi uma minuta de uma Medida Provisória que autorizava as universidades públicas a adotarem cotas para negros. Como se pode entrever no texto de Rosana Heringer (2003), os responsáveis pela proposta reconheciam que a adoção de cotas para negros em universidades públicas, mesmo não tendo uma lei específica para regulamentá-las, já estava ocorrendo em algumas instituições (Universidade Estadual da Bahia, Universidade Estadual do Rio de Janeiro). A Medida Provisória legitimaria os processos já iniciados, evitando contestações judiciais e de protestos. O projeto era, entretanto, mais ousado. Não se resumia apenas às universidades. As Escolas Técnicas Federais fariam, também, parte do pacote. Criava-se, assim, o Programa de Ações Afirmativas para Acesso e Permanência de Negros nas Universidades (PRONEGRO). Houve resistência da Casa Civil, talvez a mais contundente, por ser esta a instância determinante nas decisões presidenciais. Se for de interesse do Governo, é nessa instância que se define se a proposta ou projeto entra ou não na pauta do Congresso. Aliás, é nessa instância que se define o parlamentar que irá apresentá-la.

A proposta da Medida Provisória não chegou sequer ser discutida. Caiu o Ministro da Educação. O novo titular da pasta não aprovou a ideia das cotas para negros nas universidades. Rosana Heringer descreve a sequência dos acontecimentos com alguns detalhes importantes, por isso nos limitamos a reproduzir sua descrição.

> Manifestando-se inicialmente contrário às cotas, alegando que as mesmas são insuficientes para garantir o acesso dos grupos excluídos à educação superior, algumas semanas após assumir a pasta, o ministro apresenta uma proposta nova para discussão: *o aproveitamento de cerca de 100 mil vagas ociosas nas*

> *universidades privadas a serem ocupadas por estudantes negros, indígenas, portadores de deficiência e ex-presidiários, já a partir de 2004.* Este número representaria 25% das vagas disponíveis nas universidades privadas, que estariam com 37,5% de vagas ociosas. *A contrapartida do governo seria um plano de renúncia fiscal que beneficiaria as universidades privadas que adotassem o sistema.* (HERINGER, 2003, p. 296, grifos nossos)

A derrota do Movimento Negro no tocante a cotas para negros nas universidades públicas e nas escolas técnicas federais estava selada. A proposta que emergiu da noite para o dia trazia dentro de si a possibilidade de uma boa gestão em parcerias público-privadas. Vislumbrava também fontes que poderiam viabilizar recursos para planos de governo. O curtíssimo período para apresentar uma proposta substituindo o PRONEGRO mostra que ela já estava sendo gestada há mais tempo e com outros atores que nada tinham a ver com o Movimento Negro, a saber: *os donos das instituições privadas de ensino superior*. Aliás, era contra esses senhores, ou, mais precisamente, contra a privatização da educação superior (gestada na era FHC) que as organizações negras lutavam. O PRONEGRO não introduzia apenas cotas para negros nas universidades públicas, mas recolocava em outro patamar o fortalecimento dessas mesmas instituições que também, segundo os ativistas negros, foram sucateadas na gestão anterior. O que teria mudado, nos acordos, para acontecer uma virada de mesa desse naipe? O que mais impressiona é o fato de não ter havido nenhuma reação das organizações negras frente a "essa puxada de tapete". Já não impressiona tanto o tempo recorde que a nova gestão ministerial teve para se posicionar, se considerarmos que a sua Secretaria Executiva naquele momento fora ocupada por um assessor especial do Ministério de Planejamento, Orçamento e Gestão, que, com a saída do segundo Ministro, virou o titular da pasta que permanece até hoje, 2011

O fato é que a proposta substitutiva virou o embrião do que hoje se conhece como Programa Universidade para Todos (PROUNI), ou seja, representou um fortalecimento da instituição privada de ensino superior no Brasil. O governo, apesar de seu combate histórico contra a privatização da educação, entendeu que não conseguiria nem em 30 anos resolver o déficit de vagas nas universidades públicas. A solução era a parceria público-privada, o que só poderia ser feito, com a rapidez e a precisão observada, por quem era do ramo. Foi isso que aconteceu. As organizações negras não foram atores nessa decisão, aliás, sequer participaram das negociações. Não há dúvida de que se ampliou o número de estudantes negros em instituições privadas. Só que o preço foi o fortalecimento da privatização do ensino superior, tenha-se consciência disso ou não.

A solução apaziguou a ira de setores das universidades públicas, incluindo muitos reitores. Mas não facilitou em nada o debate das ações afirmativas. Ao contrário, acirrou as controvérsias. Deu margem para atitudes antipáticas à causa do combate às desigualdades raciais. Reverter esse quadro será, a nosso ver, um dos grandes desafios do Movimento Negro no século XXI. O que os proponentes do PRONEGRO temiam está acontecendo, está na ordem do dia. Programas de cotas para negros nas universidades públicas estão *sub judice*. Está em julgamento no Supremo Tribunal Federal um caso concreto que se considerado inconstitucional, todas as outras experiências semelhantes "vão para o espaço".

A reação de setores da sociedade brasileira, hoje, contra a implantação de políticas reparadoras e de ações afirmativas para os negros nos faz lembrar a reação das elites que se consideravam brancas no século XIX e que não sabiam o que poderia lhes acontecer, caso os negros, cabras e crioulos decidissem se rebelar contra elas. Recorro mais uma vez à brilhante obra da historiadora Celia Maria Marinho de Azevedo, embora, por incrível que pareça, ela componha o coro daqueles que, hoje, não querem nem ouvir falar em ação afirmativa para negros na universidade. Mas, mesmo assim, vou recorrer às suas reflexões, sabendo que ela as escreveu para analisar eventos do século XIX. Não tem importância. Vale a pena um pouco de anacronismo. Não tenho preocupação de ser considerado ultrapassado.

A autora nos apresenta uma hipótese fascinante para se entender o fazer histórico: a história pode mover-se por forças ocultas, invisíveis, e que não têm nada a ver com racionalidade de espécie alguma. No seu caso, ela detectou o medo como sendo esse impulsionador. Oculto, tenebroso que só poderia nos conduzir a contar uma história no gênero do suspense. Tal como nos filmes de Hitchcock, nos diz ela, "ações deslanchadas pelo medo geram outras ações tão inesperadas quanto as primeira e, assim, a despeito das tentativas de planejar, de racionalizar os atos do presente em função do futuro, nunca se consegue alcançar exatamente o que se pretendia" (AZEVEDO, *op. cit.*, p. 20).

Se levássemos ao pé da letra o que nos diz a autora, teríamos que reconsiderar as nossas ações para avaliar se elas não estão sendo impulsionadas pelo medo. Talvez o reconhecendo, consigamos (quem sabe?) pensar o futuro para alcançar o que, de fato, pretendemos. Mas é difícil para aqueles que vivenciam o momento histórico reconhecerem que agem por medo. Em geral, ao falarem sobre suas ações, inventam desculpas esfarrapadas, mas nunca dizem que agiram por medo. Entretanto, este não desaparece totalmente. Segundo Celia Maria Marinho de Azevedo, "nos documentos históricos, o medo apenas aparece de relance" (*op. cit.*, p. 20). Foi nas passadas de olhos nos discursos de notáveis das elites brancas, nos textos jornalísticos, nas anedotas que circulavam em folhetins que a historiadora interpretou o motivo do medo que os assombrava: *o risco de os negros se rebelarem*. Imaginem, eles eram a maioria. A partir daí a sociedade pôs em funcionamento um maquinário ideológico que criava figuras/imagens/formas incessantes e indeterminadas para assombrar os donos do poder.

Mas esse medo fabricado com histórias macabras e episódios sangrentos só serve para encobrir o essencial. O *medo branco*, para usar a expressão da própria autora, era muito mais concreto e muito mais perturbador do que se pode *imaginar*. Esse medo nasce da incerteza das elites brancas de não saberem o que fazer com seus códigos morais. Viram-se forçadas a conviver com o aumento progressivo de indivíduos (homens e mulheres) cuja condição já não era mais de escravizados, mas de sujeitos livres. No fundo, o que eles criminalizavam era a liberdade dos ex-escravizados. Esta não era vista como uma conquista, por vezes obtida duramente, de um indivíduo dispor de si próprio como bem lhe aprouvesse, mas era interpretada como ociosidade e vagabundagem, de acordo com os relatos analisados por Peter Eisenberg (*op. cit)*Como essa condição de homem livre, que poderia fazer uso do trabalho livre, ocorria dentro de um contexto em que a escravidão sofria forte repressão internacional e o Estado imperial tinha de se ajustar à nova ordem mundial, era preciso definir quem, em âmbito local, tomaria as rédeas para controlar essa massa de homens que se libertava do jugo dos senhores de escravos (EISENBERG, *op. cit)*. Por isso, membros da elite reivindicavam a obrigatoriedade do trabalho forçado. Daí a exigência de se criarem milícias agrícolas ou escolas para controlar a massa de ingênuos beneficiados pela Lei do Ventre Livre, pois, como dizia um barão influente do Vale do Paraíba fluminense, *desde que eles obtenham a emancipação, a primeira coisa que eles querem é alcançar a liberdade* (EISENBERG, *op. cit.*, p. 149).

E certamente foi isso o que aconteceu e vem acontecendo com os afrodescendentes. Uma vez emancipados querem a liberdade. Mas para isso têm de lutar, e muito. Depois de um século, seus movimentos conseguiram colocar, na agenda política, os direitos que lhes foram negados. As políticas de ação afirmativa estão dentro desse contexto. Não se chegou a isso de forma inconsequente e pouco estruturada. Ao contrário, foram necessárias estratégias e alianças.

Mas para se chegar a esse ponto houve consequências. Reativou-se o *medo branco*. Aquele mesmo que Celia Maria Marinho Azevedo identificou no século XIX. Medo não do que os negros possam fazer ou de se rebelarem. Nada disso. Trata-se, mais uma vez, do medo das elites brancas de não saberem o que fazer com seus códigos morais. Só que, agora, elas já não precisam ter medo de serem confrontadas com a autenticidade de sua brancura. O geneticista Sergio Danilo Junho Pena deu uma solução para o drama da "branquitude". Analisando o cromossomo Y (presente só em homens) e o DNA mitocondrial, passado de mãe para filho ou filha, o cientista concluiu que brasileiros de cor branca descendem quase exclusivamente de europeus do lado paterno (98%). Já do lado materno a situação muda significativamente. Só em 39% dos brancos as ancestrais eram brancas. Os outros 61% são de índias (33%) ou de africanas (28%) (PENA, 2005). As elites brancas do século XIX, embora não tivessem a supertecnologia de Pena, tinham uma intuição extraordinária. Isso só reforça a ideia central, já discutida por vários cientistas sociais, e que adotamos no presente texto, de que o racismo é uma construção ideológica.

O medo branco, hoje, no século XXI, tem a ver com uma nova elite, não mais formada por escravocratas, mas por intelectuais, jornalistas e parlamentares que representam interesses de grupos que se locupletam com os privilégios do *status quo*, mas falam sempre em nome de uma vontade geral, nacional que sempre esteve implantada em nossa cultura, em nossa tradição. O medo que alegam ter das políticas de ação afirmativa é de que esta pode desencadear o ódio racial que nunca existiu no Brasil. Esse tema foi tratado minuciosamente na imprensa. Posteriormente, os artigos que durante muito tempo o jornal *O Globo* publicou quinzenalmente deram suporte a um livro do jornalista Ali Kamel, um dos responsáveis pela difusão dessa imagem tenebrosa de ações que incitam *o ódio racial*. O título da obra é provocativo e condensa em um uma frase o mito da democracia: *Não somos racistas*.

Para justificar sua posição, Ali Kamel recorre à leitura de clássicos da sociologia. Ora para justificar sua posição de um Brasil não racista (Gilberto Freire), ora para mostrar que houve uma equivocada equiparação dos racistas no Brasil e nos Estados Unidos. Nós não temos racistas como lá, diz o jornalista em questão. Há muito anos, nos descrevemos como miscigenados. Onde está esse país que construímos na nossa memória? Essa é a pergunta que o jornalista cinicamente se faz ao longo de sua obra. Independentemente da pobreza analítica de seu texto e do desconhecimento monumental da literatura sobre o debate das relações raciais no Brasil, o fato é que ele reproduziu, consciente ou inconscientemente, as práticas do racismo brasileiro. Seus artigos quinzenais n'*O Globo* têm o mesmo caráter que tinham os folhetins no século XIX descrevendo histórias tenebrosas em estilo de ficção, tal como registrou Lilian M. Schwarcz (1987). A diferença é que ele utiliza argumentos com base em dados estatísticos, o que acaba impressionando os incautos. Os artigos de Ali Kamel impressionaram intelectuais e escritores. O mote central da obra é o cinismo inexorável do racismo brasileiro que Kamel descreve da seguinte maneira:

> O que nos faz diferentes é que aqui (no Brasil), indubitavelmente, há menos racismo e, quando há, ele é envergonhado, porque tem consciência de que a sociedade de modo geral condena a prática como odiosa. Isso é um ativo de que não podemos abrir mão. (KAMEL, 2006, p. 14)

Na esteira de Kamel, reaparece um pensamento conservador que, diferentemente do que pensa o jornalista, nunca se envergonhou de ser racista. Ao contrário, faz questão de mostrar que os negros têm de aceitar o seu lugar. E faz isso declaradamente. Ninguém precisa esconder nada. Leis, por si sós, não conseguem estancar as atitudes racistas. Na vigência da Lei Afonso Arinos, hotéis, escolas, empresas, clubes continuaram a vetar a entrada de negros (LEON, 2009). A literatura sobre o associativismo negro está plena de exemplos sobre isso. O racismo como crime inafiançável, que veio no bojo da Constituição de 1988, e que o Movimento Negro comemorou como uma de suas grandes conquistas, esbarra em procedimentos policias e jurídicos toscos. Após vivenciar uma situação de racismo, dificilmente um homem ou uma mulher negra conseguem provar que houve ato de racismo contra eles. O crime inafiançável vira mal-entendido, ou, simplesmente, injúria à pessoa.

O mais incrível na estratégia conservadora em ação é a tentativa de virar o jogo. O objetivo é criar no imaginário da sociedade brasileira que racistas são os movimentos negros que "racializaram" a nossa sociedade que nunca se pensou em termos raciais. Somos um país da "morenidade", como dizia Darcy Ribeiro. Essa coisa de negro e branco foi importação do modelo estadunidense. Defensores dessa ideia apontam o apoio de Fundações dos Estados Unidos (Ford, MacCartur e outras), agências que injetaram capital para financiar essa ideia de empoderamento dos negros no Brasil tal qual se fazia nos Estados Unidos. Entre os mentores dessa visão intervencionista estão dois sociólogos europeus: Pierre Bourdieu e Loïc Wacquant.

> A difusão da doxa racial dos EUA dentro do campo acadêmico brasileiro tem sido incentivada por financiamentos das fundações norte-americanas para programas de pesquisa e intercâmbio acadêmico sobre questões raciais em instituições brasileiras. (BOURDIEU e WACQUANT, p. 471999)

Para esses autores, os critérios de ações afirmativas, no Brasil, geram problemas insuperáveis, em função do fato de que aqui há ausência da dicotomia branco/negro. Os movimentos negros brasileiros traduziram os problemas específicos da sociedade brasileira em um vocabulário importado dos Estados Unidos (BOURDIEU e WACQUANT, 1999, p. 46-50)

Esses argumentos já foram suficientemente contestados, por isso não vale repeti-los (FRENCH, 2002). A atitude tipicamente eurocêntrica de Bourdieu e Wacquant pode ter reforçado no meio acadêmico o movimento contra as cotas para negros nas universidades (FRY; MAGGIE, 2003). Essa rejeição tem se estendido até nossos dias. O que vai acontecer na sequência das audiências que o Supremo Tribunal Federal desencadeou, ninguém sabe. Mas uma coisa é certa: o Movimento Negro terá que rever quem são, de fato, seus parceiros no combate ao racismo. Cada vez mais vai se consolidando a ideia de que, nesse campo, a solidão é inexorável. O Movimento Negro está por sua própria conta.

Não é à toa que esse pensamento reaparece quando se toca em um dos redutos que as elites brancas sempre entenderam como território seu: a universidade pública. Aliás, um sociólogo de primeira grandeza, que Ali Kamel desconheceu completamente na sua obra, Guerreiro Ramos, já dizia, na década de 1950, que o problema do racismo no Brasil começa não quando os negros disputam com os brancos espaços na infraestrutura, nessa esfera até que eles se entendem mais ou menos, pelo menos convivem nos mesmos espaços. O problema começa quando os negros se atrevem a penetrar as instâncias da superestrutura. Guerreiro Ramos, o sociólogo que profetizava a solidão do negro brasileiro, referia-se às universidades públicas, das quais ele foi vítima de exclusão. Estas sempre tiveram os melhores orçamentos em relação aos outros níveis educacionais (ensino fundamental e médio). Por isso, foram sempre frequentadas, majoritariamente, pelas elites brancas, como um território próprio. Aumentou o número de negros no ensino superior, na última década? Sim aumentou, mas para quais universidades?

Lendo, de trás para frente, a luta contra o racismo no Brasil, só encontramos registros históricos das organizações negras, o que significa dizer que só os negros se organizam para isso. Há, é claro, apoios individuais, mas nada que se constitua em uma rede articulada de combate incessante ao racismo. Arriscamo-nos a dizer que não se acirrou o ódio racial em nosso país porque o Movimento Negro não deixou que isso acontecesse. Ao contrário, introduziu na cena política a defesa dos direitos dos grupos raciais, o direito à diferença, a promoção da equidade racial. Posteriormente, com os movimentos indígenas, essa rede se ampliou. Fora isso, nenhum outro grupo igualmente discriminado por suas heranças étnicas se manifestou. Mas se beneficiam desse aparente bem-estar "não racista", como fantasia Ali Kamel. No Brasil, não há só relações afetivas e casamento de negros com brancos, mas há também de judeus com descendentes de árabes, o que seria quase impossível, em muitos países europeus, como, por exemplo, a França de Bourdieu e Wacquant.

Termino este texto lembrando, tristemente, de um depoimento de uma militante negra dos anos 1950, em Belo Horizonte, quando nos concedeu uma entrevista, em 2009, para falar do trabalho de sua Associação. Aos 76 anos de idade, ela nos contou, com os olhinhos melancólicos, que, chegando ao estacionamento de um supermercado, ao descer de seu carro, ouviu uma vozinha doce de criança dizer: "olha lá papai, uma macaca dirigindo carro". Risos. Ela olhou para ver quem dizia aquilo para ela. Era uma menininha de no máximo seis anos de idade. Mas o que lhe impressionou foi a atitude do pai, que não esboçou nenhuma indignação. Ria às turras da piada "tão infantil".

Em um país no qual uma criança branca chama uma mulher negra de macaca e de carvão, tendo o consentimento do pai, sob risos debochados, e ainda se ouvem, diante de um episódio aparentemente ingênuo, autoridades, intelectuais, especialistas dizendo que isso não deve ser visto como indício de racismo, mas como um ato isolado que com o tempo passa, só há uma saída: abandonar este mundo, porque nenhuma luta vale a pena.

REFERÊNCIAS

ADORNO, S. Crime, justiça penal, e desigualdade jurídica. *Revista da USP*, São Paulo, n. 21, p. 132-151, mar./abr. 1994.

ADORNO, S. Discriminação racial e justiça criminal em São Paulo. *Novos Estudos*, São Paulo, n. 43, p. 45-63, 1995.

AGASSIZ, L. R. *Voyage au Brésil*. Paris: Hachette, 1956[1872].

ANAIS DOS SEMINÁRIOS REGIONAIS PREPARATÓRIOS À III CONFERÊNCIA MUNDIAL CONTRA O RACISMO, DISCRIMINAÇÃO RACIAL, XENOFOBIA E INTOLERANCIAS CORRELATAS. Organização de G. V. Saboia e S. P. Guimarães. Brasília: Ministério da Justiça; Secretaria Nacional dos Direitos Humanos, 2001.

AZEVEDO, C. M. M. *Onda negra e medo branco*: o negro no imaginário das elites: século XIX. Rio de Janeiro: Paz e Terra, 1987.

BASTIDE, R.; FERNANDES, F. *Relações raciais entre negros e brancos em São Paulo.* São Paulo: Anhembi, 1955.

BOURDIEU, P. L'Identité et la Représentation: Élement pour une réflexion critique sur l'idée de region. *Actes de Recherches en Sciences Sociales,* (35):63-72, 1980

BOURDIEU, P.; WACQUANT, L. "The Cunning of Cultural Imperialism". *Theory, Culture and Society*, vol. 16, nº 1, pp. 41-58, 1999

COELHO, R. C. F.; MELO, R. L. C. (Org.). *Educação e discriminação dos negros*. Belo Horizonte: IRHJP, 1988.

DAVIES, Frank Andrew. A vida associativa do negro no Rio de Janeiro (1940-1950): uma interpretação a partir das obras de Costa Pinto e Sonia Giaconimi. *Revista Habitus*, Rio de Janeiro, v. 5, n. 1, p. 69-80, 2007.

DOMINGUES, Petrônio J. "Constantemente derrubo lágrimas": o drama de uma liderança negra no cárcere do governo Getúlio Vargas. *Topói*, v. 8, n. 14, p. 146-171, jan./jun. 2007.

EISENBERG, Peter. Homens esquecidos: escravos e trabalhadores livres no Brasil – séculos XVIII e XIX. Campinas: UNICAMP, 1989.

EISENBERG, Peter.; FARIA FILHO, L. M de; VIDAL, D. G. Os tempos e os espaços escolares no Processo de Institucionalização da Escola Primária no Brasil. *RBE*, Rio de Janeiro, n. 14, p. 19-34, maio/ago. 2000.

FONSECA, M. V. *Concepções e práticas educacionais em relação aos negros no processo de abolição de trabalho escravo, no Brasil*: 1867-1888. Dissertação (Mestrado) – Faculdade de Educação, Universidade Federal de Minas Gerais, Belo Horizonte, 2000.

FONSECA. M. V. O perfil racial das escolas mineiras do século XIX. *Cadernos PENESB*, n. 8, p. 72-97, dez. 2006.

FRENCH, J. Passos em falso da razão antiimperialista: Bourdieu, Wacquant e o Orfeu e o poder de Hanchard. *Estudos Afr-Asia*, Rio de Janeiro, ano 1, v. 24, 2002.

FRY, P.; MAGGIE, Y. Questões de taxonomia, ou como o Brasil se tornou um país de brancos e de negros na era das cotas. *In*: ANPOCS, 28., Caxambu, 2003.

GIACOMMINI, Sonia Maria. *A alma da festa*: família, etnicidade e projetos num clube social da zona norte do Rio de Janeiro: Renascença Clube. Belo Horizonte: Ed. UFMG, 2006.

GILL, Lorena Almeida. *Clubes carnavalescos em Pelotas*. Pelotas: UFPel; CNPq, 2003.

GOMES, Fabrício Romani. Associativismo Negro em Caxias do Sul. Disponível em: <http://www.labhstc.ufsc.br/pdf2007/23.23.pdf>. Acesso em: 07 maio 2010.

GONÇALVES. L. A. O. *Le mouvement noir au Brésil*: répresentation sociale et action historique. Lille: Ed. Septentrion, 1997.

GONÇALVES. L. A. O. Negros e educação no Brasil. *In*: LOPES, Eliane Marta T.; FARIA FILLHO, Luciano Mendes; VEIGA, Cynthia Greive da (Org.). *500 anos de educação no Brasil*. Belo Horizonte: Autêntica, 2000. p. 325.

GUIMARÃES, A. S. A Desigualdade que anula a desigualdade: notas sobre ações afirmativas no Brasil. *In*: SOUZA, Josué (Org.). *Multiculturalismo e racismo*: o papel das ações afirmativas nos Estados democráticos contemporâneos. Brasília: Ministério da Justiça, 1996. p. 233-242.

GUIMARÃES, A. S. *Classes, raça e democracia*. São Paulo: Ed. 34, 2002.

GUIMARÃES, A. S. Como trabalhar com raça em sociologia. *Educação e Pesquisa*, São Paulo, v. 29, n. 1, p. 93-107, jan./jun. 2003.

HASENBALG, C. *Discriminação e desigualdades raciais no Brasil*. Rio de Janeiro: Graal, 1979.

HERINGER, R. Promoção da igualdade racial no Brasil: um objetivo democrático. *Tempo e Presença*, n. 42/43, jan./jul. 2003.

HERINGER, R.; LOPES, S. A. (Org.). *Sonhar o futuro, mudar o presente*: diálogos pela inclusão racial no Brasil. Rio de Janeiro: IBASE, 2006.

JACCOUD, Luciana (Org.). *A construção de uma política de igualdade racial*: uma análise dos últimos 20 anos. Brasília: IPEA, 2009.

KAMEL, A. Não Somos Racistas: uma reação aos que querem nos transformar em uma nação bicolor, SP: Nova Fronteira, 2006

LEITE, J. Correia; SILVA (CUTI), L. *E disse o velho militante*. São Paulo: Secretaria de Cultura do Município de São Paulo, 1992.

LEON, P. discriminação na escola em Belo Horizonte,. Revista Binômio

LIMA, I. C. Trajetória, história e identidade negra: elementos de Constituição da pedagogia interétnica em Salvador. *Teias*, Rio de Janeiro, ano 9, n. 17, p. 3-15, 2008.

LONER, Beatriz Ana. *Classe, etnia e moralidade*: estudos de clubes negros. Pelotas: UFPEL, 2003. Relatório de pesquisa. Disponível em: <http://www.ifch.unicamp.br/mundosdotrabalho/tex/beatrizloner>. Acesso em: 03 maio 2010.

MOURA, C. *O negro, de bom escavo a mau cidadão?*. Rio de Janeiro: Conquista, 1977.

NASCIMENTO, A do. *O genocídio do negro brasileiro*. Rio de Janeiro: Paz e Terra, 1978.

NASCIMENTO, E. L. *O pan-africanismo na América do Sul*. Rio de Janeiro: Vozes, 1981.

NEGRÃO, E. V.; PINTO, R. P. *De olho no preconceito:* um guia para professores sobre o racismo em livros para crianças. São Paulo: FCC, 1990.

NOGUEIRA, *O. preconceito de marca*: as relações raciais em Itapetininga. São Paulo: EDUSP, 1998.

NOGUEIRA, Oracy. "Preconceito racial de marca e preconceito racial de origem — sugestão de um quadro de referência para a interpretação do material sobre relações raciais no Brasil", *in* O. Nogueira (org.), *Tanto preto quanto branco:* estudos de relações raciais, São Paulo, T.A. Queiroz, 1985 [1954], .

OSORIO, R. G. *O sistema classificatório de cor ou raça do IBGE*. Brasília: IPEA, 2003.

PENA, S. D. J. Razões para banir o conceito de raça da medicina brasileira. *História, Ciência, Saúde*, Rio de Janeiro, v. 12, p. 321-346, maio/jun. 2005.

PERES, E. T. *"Templo da Luz"*: os cursos noturnos masculinos de instrução primária da biblioteca pública pelotense: 1875-1915. Dissertação (Mestrado) – Universidade Federal do Rio Grande do Sul, Porto Alegre, 1995.

PINTO, R. P. Movimento Negro e educação: ênfase na identidade. *Caderno de Pesquisa*, São Paulo, n. 86, p. 25-38, 1993.

RAÇA e Educação. *Caderno de Pesquisa*, São Paulo, edição especial, n. 63, nov. 1987.

RIBEIRO, D. *O povo brasileiro*: a formação e o sentido do Brasil. 2. ed. São Paulo: Companhia das Letras, 2004[1995].

RIOS, Flavia Martins. Movimentos negros brasileiros nas ciências sociais (1950-2000). *Sociedade e Cultura*, Goiânia, v. 12, n. 2, p. 263-274, jul./dez. 2009.

ROSEMBERG, F. Educação infantil, gênero e raça. *In*: GUIMARÃES, Antonio Sergio; HUNTLEY, Lunn (Org.). *Tirando a máscara*: ensaios sobre o racismo no Brasil. São Paulo: Paz e Terra, 2000. p. 127-264.

SCHERER-WARREN, I.; LÜCHMANN, L. H. H. Situando o debate sobre movimentos sociais e sociedade civil no Brasil: introdução. *Política & Sociedade*, n. 5, p. 13-35, out. 2004.

SCHWARCZ, L. M. *Retrato em branco e negro*: jornais, escravos e cidadão em São Paulo no final do século XIX. São Paulo: Companhia das Letras, 1987.

SILVA, A. R. *Associação José do Patrocínio*: dimensões educativas do associativismo negro entre 1950 e 1960 em Belo Horizonte/Minas Gerais. Dissertação (Mestrado) – Faculdade de Educação, Universidade Federal de Minas Gerais, Belo Horizonte, 2010.

SILVA, J. C de. História das lutas negras: memórias do Movimento Negro na Bahia. *In*: REIS, João José (Org.). *Escravidão e invenção da liberdade*: estudos sobre o negro no Brasil. Brasília: CNPq, 1988.

SILVÉRIO, V. R. Ação Afirmativa e o combate do racismo institucional no Brasil. *Cadernos de Pesquisa*, n. 117, p. 219-246, nov. 2002.

TAGUIEFF, P-A. *La force de prejugé*: essai sur le racisme e ses doublés. Paris: Découvert, 1988.

TOURAINE, A. *Crítica à modernidade*. Petrópolis: Vozes, 1995.

VEIGA, C. G. *Crianças negras e mestiças no processo de institucionalização da instrução elementar*: Minas Gerais, século XIX. CBHE, 2004.

VEIGA, C. G. Escola pública para os negros e pobres no Brasil: uma invenção imperial. *RBE*, v. 13, n. 39, p. 502-598, set./dez. 2008.

Informação bibliográfica deste texto conforme a NBR 6023:2002 da Associação Brasileira de Normas Técnicas (ABNT):
GONÇALVES, Luiz Alberto Oliveira. Pensar a educação, pensar o racismo no Brasil. *In*: FONSECA, Marcus Vinícius; SILVA, Carolina Mostaro Neves da; FERNANDES, Alexsandra Borges (Org.). *Relações étnico-raciais e educação no Brasil.* Belo Horizonte: Mazza, 2011. p. 93-144. ISBN 978-85-7160-545-9.

5. EDUCAÇÃO E PENSAMENTO INDÍGENA: DA ALFABETIZAÇÃO AOS TERRITÓRIOS ETNOEDUCACIONAIS

por RUBEN CAIXETA DE QUEIROZ

> Nós queremos pensar tudo junto, tudo articulado, a defesa da nossa terra deve está articulada ao processo de escolarização dos nossos jovens para que eles aprendam e possam nos defender. Queremos que as escolas fortaleçam as nossas línguas, mas também ensinem os Yanomami a serem médicos, enfermeiros, professores, dentistas, pesquisadores. Também queremos continuar a nossa história, queremos que os jovens continuem interessados em ser xamãs, caçadores, pescadores, que saibam construir as suas casas e viver com os recursos da nossa floresta. A escola não é para virar branco! (Davi Kopenawa)[26]

---

[26] Líder indígena, presidente da Hutukara Associação Yanomami. Depoimento pronunciado durante a primeira oficina para elaboração do Plano de Ação do Território Etnoeducacional Yanomami e Ye'kuana, que aconteceu no período de 10 a 12 de novembro de 2010, na cidade de Boavista/RR (Disponível em: <http://www.socioambiental.org/nsa/detalhe?id=3224>. Acesso em: 12 dez. 2010).

Um índio Huni Kuin (Kaxinauá) teria dito à antropóloga Ingrid Weber que a escola é o começo e o fim de uma cultura. Compreendo esta assertiva como a tradução de que a escola, para o índio, é o lugar onde se deve aprender a cultura do branco, logo, o lugar onde se adquire conhecimento acerca do mundo do branco, e, para isso, incontornavelmente, esquece-se o conhecimento produzido pela "cultura do índio". Esquece-se, a começar, dos próprios modos de aprendizado e transmissão do conhecimento baseados na tradição oral. Adquire-se, sobretudo, no aprendizado da escrita e na escola dos brancos, os modos e modalidades por meio dos quais se constrói e se mantém o poder. Esquece-se para aprender e "inventar" uma nova "cultura". Neste sentido, podemos nos perguntar, seria a escola (mesmo a escola bilíngue e diferenciada) a ponta de lança mais aguda do mundo dos brancos no mundo indígena e que decretaria assim a derrota decisiva e irreversível dos modos nativos de aprendizado e subjetivação? Ou, numa perspectiva, digamos, otimista, poderia ser a escola indígena um modo ou um local predominante onde se produz relação e troca entre o mundo dos brancos e o mundo indígena? Seria possível pensar a educação "indígena" como um meio efetivo para produzir a indigenização da modernidade? No presente trabalho, pretendo trazer alguns dados etnográficos que possam não responder tais questões mas iluminar o caminho da reflexão sobre um tema tão polêmico.

Estudiosos do assunto (antropólogos, educadores, linguistas) e as próprias lideranças e professores indígenas têm formulado diferentes opiniões sobre o tema. Alguns deles sustentam que a educação indígena não tem como escapar de sua lógica civilizacional e ocidentalizante. Outros acreditam que a escola ocidental é reconstruída e resignificada quando tomada sob o controle da lógica indígena. Outros apostam ainda na possibilidade de que estas duas lógicas possam conviver lado a lado ou uma interagindo e influenciando a outra.

Márcio Silva, etnólogo que estudou os Waimiri-Atroari (situados na região de fronteira entre o sul do estado de Roraima e o norte do estado do Amazonas), nos conta que, quando ali chegou, no final de 1986, tais índios, ainda em contato restrito (mas conflituoso) com o mundo civilizado, exigiram que em troca da pesquisa etnográfica fossem desenvolvidas atividades escolares para a comunidade.

> Assim, poucos dias depois de ingressar pela primeira vez na Área Indígena Waimiri-Atroari, sem nunca ter me interessado por pedagogia de alfabetização, sem nenhuma reflexão mais elaborada sobre educação escolar indígena e, principalmente, sem, dispor de qualquer material sobre a língua desse povo, demos nossa primeira aula sobre algo que naquela ocasião evidentemente não dominávamos a grafia da *kiña-yara*, a língua dos Waimiri-Atroari. O prédio da escola era o dormitório dos rapazes solteiros, funcionários informais do posto, para onde os Waimiri-Atroari trouxeram uma tampa de cisterna quebrada do prédio da Funai e pedaços de carvão, quando ouviram de mim que a escola teria que esperar mais algum tempo, até que providenciássemos quadro-negro e giz. Não tive como adiar minha estréia como alfabetizador. A impulsividade dos Waimiri-Atroari é uma das lembranças mais marcantes e mais caras que trago do período em que vivi entre eles.
>
> Como exigiam ser alfabetizados-já em sua língua materna, e queriam começar por aprender a escrever os

> próprios nomes ou apelidos, dei graças a Deus de ter alguma prática com fonética. (SILVA, 2009, p. 28)

Márcio Silva conta (informação pessoal) que esta experiência de alfabetizador foi passageira, mas o suficiente para lhe provar que a escola no meio indígena significa, na verdade, um instrumento poderoso de propagação do valor e da ética do mundo ocidental, e oferece-nos um exemplo: certa vez, eu pedi aos Waimiri-Atroari para realizarem um exercício em casa; um deles apresentou-me o dever resolvido por um outro parceiro mas que deveria ser contado como resolvido por ele; eu disse que assim não valia, pois eu não poderia avaliá-lo se ele não tinha realizado o seu dever, que era individual; o índio questionou-me, que era a mesma coisa, feito por ele ou por seu parceiro, que, assim, eles fazem tudo junto, caçar, pescar, fabricar casas e canoas; então, numa sociedade onde a esposa do meu irmão é minha esposa potencial, onde o que é dele pode ser meu, sem problema de "propriedade", eu estava, através do exercício escolar, impondo o maior valor ocidental, maior que qualquer mercadoria ou bem material, que é o valor da individualidade, da autonomia individual – no mundo de cá, só posso pensar a partir do sujeito pensante e auto-suficiente ou em vias de tornar-se auto-suficiente, no mundo de lá (dos índios) eu só posso ser alguém ou alguma pessoa de forma precária (jamais acabada) e mesmo assim associado a outro alguém ou outra pessoa.[27]

---

[27] Não posso deixar de relatar outro fato que este me faz lembrar: certa vez, quando fui buscar minha filha em uma escola maternal, ela tinha um ano e pouquinho, mal tinha acabado de aprender a andar, a professora dela me disse que ela deveria sair da escola andando sozinha até encontrar o pai na porta, carregando ela

Em contrapartida aos relativamente isolados Waimiri-Atroari, os índios do nordeste do estado de Roraima e fronteira com a Guiana (Macuxi, Wapixana, Taurepáng, entre outros) passaram pela influência do proselitismo religioso, evangélico ou católico, o que implicou várias experiências de alfabetização e escolarização dos índios na língua nativa, bem como na língua nacional (português ou inglês), destacando-se o processo de tradução da *Bíblia* na língua indígena. Bruna Franchetto relata-nos exemplarmente este processo, que ocorreu no final da década de 1980, no seu artigo "A guerra dos alfabetos": [...] de um lado, encontravam-se aquelas situações nas quais não havia oficialmente escolas nas aldeias (sua idéia era mesmo recusada), contudo, os índios dali, evangelizados, praticavam quase diária e freneticamente os cultos cristãos; de outro lado, haviam aqueles que desejavam a escola como meio de domínio de uma tecnologia (a escrita, e o que ela significa) para a superação de uma condição de inferioridade (frente à população branca e letrada) e meio de, paradoxalmente, resgate cultural.

Como exemplo do primeiro caso, a autora cita o depoimento de um velho líder taurepáng, da aldeia Sorocaima:

> Não permito escolas na minha maloca. Eu mesmo posso educar meus filhos [...] Já vieram muitos para fundar escolas lá, mas sempre falei que não é essa a educação que importa. Eu sei ensinar a plantar, vender os produtos e comprar coisas boas... Eu estou vendo que as crianças que estão indo na escola estão ficando mal-educadas. Só

---

própria, na mochilinha e nas costas, seus objetos pessoais, tudo para adquirir autonomia e autossuficiência.

> querem bater bola e bater nos outros. (Depoimento do tuxáua Mário Flores Macário, 1986. Diocese de Roraima, *Boletim* n. 11 *apud* FRANCHETTO, 2008, p. 33)

No segundo caso, algumas lideranças indígenas Wapichana e Macuxi procuravam revitalizar sua cultura por intermédio das escolas, já que a moda da educação bilíngue significava o meio pelo qual se imaginava tal resgate. De um modo ou de outro, a passagem da oralidade para a escrita, a alfabetização com vistas à evangelização ou ao resgate cultural, tudo isso significava uma transformação concreta nas formas de sociabilidade e na cosmologia daquela população indígena.

Sob a ótica da alfabetização com vistas à tradução da *Bíblia* e à conversão evangélica, isto significava a veiculação de novos valores e ética por meio dos textos bíblicos, pois, no final de tudo, o "*American way of life* é inevitavelmente proposto nesta ação como modelo de vida: modos, estética, higiene, família nuclear, raça branca, tecnologias etc." (FRANCHETTO, 2008, p. 37). Já do ponto de vista da atuação missionária católica, imbuída de uma revisão de suas próprias práticas de catequese dos indígenas desde o período colonial, rivalizando na região com o método empregado pelos evangélicos, tratava-se antes de tudo de "alfabetizar" na escola bilíngue como instrumento e arma na luta contra o poder dos brancos, sem esquecer a língua indígena, e, ao mesmo tempo, como meio para o resgate da própria cultura, isto é, a organização de festas, cantos, danças.

Nestas duas propostas de alfabetização e "educação bilíngue", foi produzida uma considerável quantidade de cartilhas e "material didático", de livros e "histórias indígenas", mas, no final das contas, toda esta "literatura indígena" (tanto a católica quanto a evangélica), segundo Franchetto, demonstrou haver um abismo que separa "a sofisticação dos sistemas intelectuais indígenas da pobreza que caracteriza a grande maioria do material que se destinaria aos que sabem ler" (2008, p. 41-42). Segundo Kahn:

> Diante da autoridade que a escrita assume para o índio, essa língua, construída e adaptada, pode passar a ser uma nova língua, a língua dos novos tempos. Para isso serve na atuação dos missionários a alfabetização na língua materna, que vem legitimar aquele procedimento. Aquilo que se ensina nas cartilhas extrapola a conversão dos sons em símbolos (grafia) e cria textos que, "adaptados" ao universo simbólico do grupo, vão na verdade criar uma nova língua, uma nova fórmula de vivenciarem e expressarem sua vida [...] Cria-se, portanto, com a "língua falada na escola", uma nova categoria, um novo padrão de comunicação. Só que quem cria esse novo padrão são os profissionais da linguagem de Deus, os agentes da civilização e da "iluminação". É na figura do professor-missionário da aldeia que se garantirá o repasse de uma ideologia da sociedade ocidental, cristã, em busca da salvação. (*apud* FRANCHETTO, 2008, p. 42)

Para Franchetto, o exemplo da educação bilíngue entre as populações indígenas da Raposa-Serra do Sol demostra claramente que

> A escrita era essa nova "língua", meio de conversão ao mesmo tempo religiosa, social e política, difundida pelo Ocidente e imposta para cumprir, custasse o que custasse, sua missão civilizatória, nivelando e limitando a

> expressão das formas da oralidade. [...] para as sociedades indígenas, com a oficialização do código restrito de uma expressão escrita monitorada, o que se perde é o código elaborado das artes verbais da tradição oral. Nessa passagem da oralidade à escrita, contrastam os tratamentos dados, por um lado, às histórias indígenas, narrativas tradicionais e, por outro lado, às histórias dos textos cristãos. Às primeiras se aplica uma operação de redução, que redunda em empobrecimento; às segundas se aplica, ao contrário, uma operação de tradução fiel, com todos os cuidados da exegese e da transposição por equivalências sintáticas e semânticas. O resultado acaba contradizendo e desmistificando a retórica do refrão "escrita a serviço do resgate". Os índios leitores elaboram rapidamente uma comparação entre seus mitos espremidos e banalizados – um folclore de pequenas ficções – e os grandes mitos dos brancos consagrados em livros verdadeiros.(*apud* FRANCHETTO, 2008, p. 42)

Em um contexto etnográfico bastante distinto, aquele dos índios Huni Kuin (Kaxinawá), localizados no estado do Acre, contexto muito bem descrito por Ingrid Weber (2006), podemos ver que, se, por um lado, a escola dos "brancos" é cobiçada, ela é apropriada de acordo com uma lógica nativa, ainda que transformada; por outro lado, aquilo que fazia parte de uma cultura indígena e estava em vias de desaparecimento – cantos, narrativas míticas – é capturado pela escola e passa a existir em uma nova modalidade, aquela da memória. Diz a autora, "Não há dúvida quanto à crescente popularização da escola entre os Kaxinauá. Se, no início, a escrita parece ter sido apreendida como um saber especializado e de ordem xamânica, ela vem sendo, gradativamente, percebida como uma modalidade de domínio amplo e obrigatório" (WEBER, 2006, p. 219).

Ou seja, a escola passa a ocupar, entre os Kaxinauá, o lugar que era antigamente o das festas tradicionais, o lugar onde ocorria de forma prática-ritual a transmissão dos saberes tradicionais, fundamentalmente por meio dos cantos. Não há dúvida de que, neste processo, há uma grande transformação do mundo vivido e, logo, pensado por estes indígenas: um professor (indígena) jamais pode ocupar o lugar do xamã, pode, no máximo, aproximar-se de suas funções de contato com a alteridade e de contato com o mundo exterior carregado de outras técnicas e pensamentos; da mesma forma que um pastor evangélico (indígena) jamais pode ocupar o lugar do xamã, pode no máximo aproximar-se de sua função de contato com os espíritos e com as divindades. E, neste percurso, não só a oralidade perde terreno para a escrita, um mundo todo imaginado e vivido é sacudido, digamos, uma reviravolta se produz não só nas modalidades de comunicação, mas também no poder da palavra, na política, na poesia.

Neste sentido, já tivemos a oportunidade inúmeras vezes de presenciar e ouvir os belos cantos pronunciados por professores-cantores Kaxinauá, em geral, no contexto de alguma atividade ligada à formação de "professores indígenas" dentro da nossa (dos brancos) universidade. Da mesma forma, neste contexto, tivemos a ocasião de ouvir os belos cantos dos índios Maxacali, e, em todas estas vezes, ficamos imaginando tais cantos executados nos seus lugares de direito, isto é, durante um ritual e numa aldeia, movidos ou não por alguma bebida, sob o efeito de um ou outro alucinógeno, onde tudo pode se mover entre o céu e a terra, entre os homens e o espírito. E, temos certeza, neste deslocamento, da aldeia para a sala de aula ou auditório de uma universidade, alguma coisa do passado persiste, alguma coisa daquilo que não se diz, a não ser no contexto ritual, teima estar presente nesta nova lógica do conhecimento e do saber, ainda que venha sob o rótulo de arte (nem falo ciência). Não há dúvida, neste processo (da oralidade para a escrita, do ritual para a escola), há continuidade, mas há profundas rupturas e transformações. Sobre estas, gostaria de citar duas passagens formidáveis, descritas por dois notáveis americanistas.

A primeira delas foi relatada por Lévi-Strauss nos seus *Tristes trópicos*, quando ele esteve junto com alguns índios Nambiquara, que tiveram muito provavelmente o primeiro contato com o homem branco e com a escrita nos anos de 1930:

> É de imaginar que os Nambiquara não sabem escrever; mas tampouco desenham, com exceção de alguns pontilhados ou ziguezagues nas suas cuias. Porém, da mesma maneira como agi com os Cadiueu, distribuí folhas de papel e lápis com os quais, de início, nada fizeram; depois, certo dia vi-os muito atarefados em traçar no papel linhas horizontais onduladas. Que queriam fazer, afinal? Tive de me render à evidência: escreviam, ou, mais exatamente, procuravam dar a seu lápis o mesmo uso que eu, o único que então podiam conhecer, pois eu ainda não tentara distraí-los com meus desenhos. Para a maioria, o esforço parava por aí; mas o chefe do bando enxergava mais longe. Era provável que só ele tivesse compreendido a função da escrita. Assim, exige de mim um bloco e nos equipamos da mesma forma quando trabalhamos juntos. Não me comunicava verbalmente as informações

que lhe peço, mas traça no seu papel linhas sinuosas e me mostra, como se ali eu devesse ler a sua resposta. Ele próprio se deixa tapear um pouco com a sua encenação; toda vez que sua mão termina uma linha, examina-a ansioso como se dela devesse surgir algum significado, e a mesma desilusão se estampa em seu rosto. Mas não a admite; e está tacitamente combinado entre nós que a sua garatuja tem um sentido que finjo decifrar; o conhecimento verbal segue-se quase de imediato e dispensa-me de exigir os esclarecimentos necessários.

Ora, mal ele reunira todo o seu pessoal, tirou de um cesto um papel coberto de linhas tortuosas que fingiu ler e nas quais procurava, com uma indecisão afetada, a lista dos objetos que eu devia dar em troca dos presentes oferecidos: a este, contra um arco e flechas, uma faca de arrasto! ao outro, contas! para seus colares... Essa encenação prolongou-se por duas horas. Que esperava ele? Enganar a si mesmo, talvez; mais, porém, surpreender seus companheiros, convencê-los de que tinha participado na escolha das mercadorias, que obtivera a aliança com o branco e que partilhava de seus segredos. [...]

A escrita fizera, pois, sua aparição entre os Nambiquara; mas não como se poderia imaginar, ao termo de um trabalhoso aprendizado. Seu símbolo fora imitado, ao passo que sua realidade continuava a ser desconhecida. E isso, com vistas a uma finalidade mais sociológica do que intelectual. Não se tratava de conhecer, reter ou compreender, mas de aumentar o prestígio e a autoridade de um indivíduo – ou de uma função – às custas de outrem. [...]

Se quisermos estabelecer a correlação entre o aparecimento da escrita e certos traços característicos da civilização, convém procurar em outro rumo [não no

> do conhecimento e do saber]. O único fenômeno que a acompanhou fielmente foi a formação das cidades e dos impérios, isto é, a integração num sistema político de um número considerável de indivíduos e sua hierarquização em castas e classes. Em todo caso, esta é a evolução típica à qual assistimos, desde o Egito até a China, no momento em que a escrita faz sua estréia: ela parece favorecer a exploração dos homens, antes de iluminá-los. (LÉVI-STRAUSS, 1996, p. 280-281, 283)

Iluminada passagem de Lévi-Strauss que revela o quanto há de engano nesta história de o saber acompanhar a escrita, e vice-versa, e que, como se os índios soubessem do perigo, preferiram, antes da chegada dos brancos, a oratória à escrita, a igualdade à hierarquia, a poesia à prosa.

A segunda passagem é de Pierre Clastres, o americanista que teve a intuição de que a palavra do chefe indígena não é dita para ser ouvida, pois, do contrário, viraria subordinação, destituindo-se de sua função poética em favor da sua função de poder:

> O fato é que, se nas sociedades de Estado a palavra é o *direito* do poder, nas sociedades sem Estado ela é, diversamente, o *dever* do poder. Ou, para dizê-lo de outra maneira, as sociedades indígenas não reconhecem ao chefe o direito à palavra porque ele é o chefe: elas exigem do homem destinado a ser chefe que ele prove seu domínio sobre as palavras. Falar é para o chefe uma obrigação imperativa, a tribo quer ouvi-lo: um chefe silencioso não é mais um chefe. [...]
>
> O que diz o chefe? O que é uma palavra de chefe? É, antes de mais nada, um ato ritualizado. Quase sempre o líder

se dirige ao grupo cotidianamente, ao amanhecer ou ao crepúsculo. Deitado em sua rede ou sentado perto do fogo, ele pronuncia com voz forte o discurso esperado. E sua voz, por certo, tem necessidade de potência, para chegar a ser ouvida. Nenhum recolhimento, com efeito, quando o chefe fala; não há silêncio, cada qual tranqüilamente continua, como se nada houvesse, a tratar de suas ocupações. *A palavra do chefe não é dita para ser escutada.* Paradoxo: ninguém presta atenção ao discurso do chefe. Ou melhor, finge-se a desatenção. Se o chefe deve, como tal, submeter-se à obrigação de falar, em compensação as pessoas às quais ele se dirige não são obrigadas senão a parecer não escutá-lo. (CLASTRES, 2003, p. 170-171)

Isto equivale a dizer que, bem distante de todo exotismo, o discurso ingênuo dos selvagens nos obriga a considerar o que poetas e pensadores são os únicos a não esquecer: que a linguagem não é um simples instrumento, que o homem pode caminhar com ela, e que o Ocidente moderno perde o sentido de seu valor pelo excesso de uso a que a submete. A linguagem do homem civilizado tornou-se completamente *exterior* a ele, pois é para ele apenas um puro meio de comunicação e informação [e poder]. A qualidade do sentido e a quantidade dos signos variam em sentido inverso. As culturas primitivas, ao contrário, mais preocupadas em celebrar a linguagem do que em servir-se dela, souberam manter com ela essa relação *interior* que é já em si mesma aliança com o sagrado. Não há, para o homem primitivo, linguagem poética, pois sua linguagem já é, em si mesma, um poema natural em que repousa o valor das palavras. (CLASTRES, 2003, p. 143)

Vejamos a seguir dois exemplos de como a escrita e a escola tornam-se fonte e vetor de transformação das sociedades indígenas e, ao mesmo tempo, contribuem para reproduzir um arranjo sócio-político-cultural que nada mais é que sua continuação por outros meios.

O CASO WAIWAI

Em 1991, quando cheguei pela primeira vez a uma aldeia dos índios Waiwai na Amazônia, localizada no rio Mapuera, noroeste do estado do Pará, quase ninguém falava português. Uma missão evangélica tinha se instalado do lado da Guiana inglesa no final da década de 1940, e para lá foram atraídos vários grupos que falavam línguas diferentes e que se encontravam dispersos em várias aldeias do lado brasileiro. Mais tarde, tais missionários elegeram a língua waiwai para traduzir a *Bíblia*, o que fez com que muitos grupos deixassem sua língua anterior e assumissem o waiwai como língua geral. Na década de 1970, alguns daqueles grupos levados para a Guiana voltaram para o lado brasileiro, primeiro, formando apenas duas grandes aldeias, segundo, já no final da década de 1990, formando várias outras dispersas e pequenas aldeias ao longo dos principais rios da região. Em toda nova aldeia aberta, além das casas de moradia, ocorre a instalação de uma igreja, de um posto de saúde, de uma escola e, quase sempre, de uma casa tradicional destinada a realizar festas e acolher os visitantes, hoje em dia, sobretudo os brancos funcionários do Estado (Funai, Funasa, políticos locais) ou de organizações não governamentais.

Antes do contato com os missionários e com a sociedade nacional, uma nova aldeia era construída a cada 4 ou 5 anos. Podemos constatar que a composição, o tamanho, a duração e a distribuição das aldeias dos grupos waiwai inserem-se no modelo guianês, estabelecido por Peter Rivière:

> A autoridade política na região é fraca, e as disputas que não podem ser resolvidas provavelmente resultarão na migração de alguns dos moradores de uma aldeia. Até certo ponto, o tamanho de uma aldeia é o índice da eficácia de seu líder, mas, por maior que seja a capacidade dele, quanto maior a aldeia, mais freqüentes serão as disputas e menos fáceis de ser resolvidas. Isso ocorre porque os relacionamentos políticos estão inseridos nos relacionamentos sociais e a densidade desses últimos será maior em aldeias pequenas do que em aldeias de maior porte. As aldeias grandes contêm inevitavelmente relacionamentos intrinsecamente frágeis e essa fraqueza estrutural manifesta-se por meio de uma ampla gama de problemas, que vão do adultério à falta de comida, à feitiçaria, e terminam em cisão. (2001, p. 51)

Contudo, este modelo de organização social guianês foi fortemente abalado pela ação missionária, pois, estrategicamente para a política de evangelização, a missão "reduziu" os índios em poucas aldeias e dificultou a dispersão. A escola foi, por longo tempo, totalmente controlada pelos missionários, enquanto a alfabetização na língua waiwai foi uma condição para que a *Bíblia* pudesse ser traduzida e lida pelos índios waiwai e por toda uma população indígena da região que falava um dialeto diferente do waiwai – às vezes muito próximo, da mesma família karib, às vezes muito diferente, como é o caso do mawayana, que pertence à família aruaque.[28] Ao poder da escrita unia-se o poder da religião cristã. Hoje a presença da escola nas aldeias é um aparato indispensável e, junto com a Igreja, é o lugar onde se reelabora a antiga socialidade. Os índios ali dão muito valor ao poder da "palavra", em especial a cristã, mas também dão um valor muito grande à escola e à escrita de uma forma geral.[29] Vejamos um caso.

Naquela ocasião, janeiro de 2001, encontrava-me em uma aldeia waiwai do rio Jatapuzinho (leste do estado de Roraima). O dia

[28] O resultado disso é que vários destes grupos, falantes de dialetos distintos do waiwai, tiveram que aprender o waiwai, que se tornou a língua "oficial" para a missão, e com isso, inclusive, tiveram que abandonar a língua materna.

[29] Apesar disso, e do que veremos a seguir, cabe registrar que, desde aproximadamente 15 anos atrás, a situação da escola entre os Waiwai começou a ser modificada. Nesta ocasião, da mesma forma que se iniciou ali um processo de retorno ao uso dos dialetos locais, deu-se um processo de retorno ao plano ideal de assentamento da região, isto é, dispersão e pequena composição populacional das aldeias. Há neste sentido uma mistura do tradicional com o moderno, já que, se antes todos os indígenas queriam e brigavam por haver uma grande escola numa aldeia, com o ensino fundamental em primeiro lugar, depois com o ensino médio, hoje, com a dispersão das aldeias, inclusive com o retorno de diferenças étnicas que tinham sido homogeneizadas com o "padrão de assentamento missionário", passa-se a exigir uma escola para cada aldeia – como já disse, toda aldeia para adquirir respeitabilidade tem de abrigar uma escola, além de um posto de saúde, de uma igreja e de uma casa de festa coletiva – e para cada "grupo étnico". Em agosto de 2010, houve na aldeia Mapuera uma reunião para definição do chamado território etnoeducacional Ixamná (na língua nativa, este é o nome do rio Mapuera), promovida por vários órgãos da educação nos âmbitos federal, estadual e municipal, além de ONGs; viu-se ali o apelo indígena para que este território abrigasse as novas aldeias e os mais diversos grupos étnicos, tais como: Waiwai, Mawayana, Katwena, Hixkariyana, Xeerew, Xowyana, Charuma, Kaxuyana, Tunayana, Manakayana, Cikyana, Tiriyó, Kahyana, Muurayana, Yukwariyana, Parukotó.

tinha acabado de clarear, ainda estava deitado em uma rede instalada na casa de meu anfitrião, o cacique Aaka, quando ouvi uma fala em forma de pergunta, repetida várias vezes, quase aos gritos. Ainda nem de todo despertado, demorei a perceber de onde vinha a voz. Depois de duas ou três repetições, vislumbrei sua direção: vinha da escola. E qual era a pergunta? No início achei que a palavra-chave para entendê-la era hecatombe! Quantos quilômetros equivalem a um hecatombe? Não podia ser isso! Pulei da rede, fui para fora da casa e descobri que, de fato, o som vinha da escola, mas a palavra-chave para entender a fala não era hecatombe e, sim, hectômetro, e a pergunta era: quantos metros têm um hectômetro?[30] Eu não sabia responder àquela questão, eu, branco, que passei anos e anos numa cadeira de escola. Imaginei que muito menos saberiam aquelas crianças índias, de 8 a 13 anos, todas ocupando os mesmos bancos de madeira da escola, piso de chão, cobertura de paxiúba, todas que mal sabiam compreender o português! Por que o professor insistira em reproduzir aquele discurso decoreba da matemática, numa aldeia tão distante das cidades, no meio da floresta?[31]

Fiquei pensando no absurdo daquela aula, daquele tipo de conhecimento decorado, e transmitido daquela forma. Qual sua

---

[30] No momento de redigir o presente trabalho, consultei o dicionário Houaiss, e compreendi que, se há semelhança fonética, as duas palavras têm sentidos muito diferentes, embora o prefixo comum a ambas seja uma referência de medida: "hecatombe", na antiguidade, significava o sacrifício de 100 bois; "hectômetro" é uma medida de cumprimento que equivale a 100 metros.

[31] E cabe lembrar que não se tratava de um professor branco, vindo da cidade. Ao contrário, se não era um professor que falava a língua daquelas crianças, o waiwai, ele era um indígena wapixana, que tinha sido formado para ministrar aulas de matemática na cidade de Boa Vista.

conexão com o conceito nativo de espaço ou distância? Os índios que nunca aprenderam, na sua filosofia nativa, a cortar e a medir o espaço e o tempo daquela forma, estariam em condições de entender aquela aula de matemática? Qual o sentido daquele tipo de aprendizado para os índios e para nós mesmos? Nunca soube responder prontamente a estas questões e nem mesmo sei se estas foram questões que os próprios índios se colocaram. Por ora, aqui e agora, arrisco-me apenas a dizer que o que aqueles índios buscavam com a escola dos brancos para os índios não era propriamente um tipo de conhecimento (sobre o mundo dos humanos e o mundo das coisas), mas um tipo de relação com o mundo dos brancos portadores de técnicas e discursos políticos "poderosos" e, assim, buscavam usar a arma do inimigo a seu favor –, e sem dúvida, o dinheiro e a máquina de calcular são ferramentas muito poderosas neste mundo ocidental-capitalista no qual vivemos e que os indígenas pelo bem e pelo mal estavam tentando assimilar, compreender, participar.

Naquela mesma aldeia, mais tarde, os índios me perguntavam o que significava mesmo na nossa língua a palavra "projeto". É que a Funai de Boa Vista vinha lhes dizendo que não possuía mais recursos para o atendimento da comunidade indígena, e que doravante as "coisas" só podiam ser conseguidas por meio da elaboração de projetos: de saúde, de proteção ambiental, de educação, de resgate cultural etc. E havia mesmo projetos que deviam ser formulados e geridos pelos próprios índios, como os Projetos Demonstrativos dos Povos Indígenas (PDPI). Os índios ouviram com atenção a minha explicação e, logo em seguida, convidaram-me para a escola. Lá me apresentaram uma velha máquina de datilografar e me perguntaram se aquilo servia para escrever projetos. Quando disse que sim, solicitaram-me que eu lhes escrevesse um projeto. Eu lhes indaguei: sobre o quê e para o quê? Noutras palavras, eu lhes perguntei sobre os objetivos e justificativas que acompanham todos os nossos próprios projetos. "Ah", responderam, "para comprar motor de popa, gasolina, rádio-fonia...". Aí, comecei a datilografar um projeto para eles, que devia ser um projeto deles, um projeto para o PDPI e para o controle e a fiscalização de seu território. No final, tínhamos que fazer uma lista dos itens a serem adquiridos pelo projeto, e eu lhes perguntei sobre isso. A lista apresentada foi longa: começou pelo motor de popa, item essencial para o deslocamento naquela região, passou pela gasolina (que ali vale ouro), e terminou pela motosserra. Porém, sobre este último item, eu lhes disse que não seria financiado por um organismo do Ministério do Meio Ambiente. Neste instante, tranquilizaram-me: "ah, então coloca aí painel solar, a motosserra a gente vai pedir para o prefeito".

O CASO YEKUANA

No ano de 2003, estivemos em uma aldeia do povo Yekuana, denominada Fuduwaaduinha, margem esquerda do rio Auaris, quase fronteira com Venezuela, no contexto de um projeto denominado "A festa tanööko – festejar para conhecer", que tinha como objetivo realizar um ritual, incluindo o registro em vídeo de todas as suas etapas.[32] O que me chamou a atenção foi o fato de que tal ritual – que

[32] Fomos gentilmente convidados nesta ocasião pela antropóloga Elaine Moreira, que trabalha com este povo, para acompanhar e assessorar os indígenas no processo de registro audiovisual. Do lado do Brasil, o povo ye'kuana vive em três

é bastante complexo para ser resumido em poucas palavras, mas, diríamos, narra a relação entre anfitriões e visitantes, ou entre a gente de dentro e a gente de fora – não acontecia há mais de 15 anos, e sua realização teve a forte conotação de um "resgate cultural", sendo pensado e planejado pelos professores indígenas da escola local. Durante este ritual – que, na aldeia, durou cerca de uma semana, sem contar mais de um mês para que os caçadores e os visitantes do lado do Brasil e da Venezuela chegassem à aldeia de Auaris –, houve um intenso consumo de bebida fermentada, junto a uma também intensa e constante agitação dos corpos e das palavras por meio das danças e dos cantos. Ali ouvi um visitante da Venezuela dizer que tudo aquilo tinha sido já realizado pelos ancestrais, de forma muito mais longa e eloquente, que o que víamos eram na verdade os restos de uma tradição (das palavras e dos sons dos antigos), que o povo ye'kuana já estava fraco, quase mesmo desaparecendo, que, contudo, tudo fora previsto no passado, outros já haviam dito, o dia chegaria no qual esse "mundo" aqui acabaria, acabaria a cultura ye'kuana, quando chegassem os brancos e sua escola. Paradoxo imenso: no momento mesmo daquela festa que para mim era monumental,[33]

---

comunidades localizadas às margens dos rios Uraricoera e Auaris, estado de Roraima, e conta com uma população estimada em 430 pessoas. Na Venezuela são várias aldeias, e a população é estimada em torno de 4.800 mil pessoas.

[33] Tanööko é apenas um, entre vários outros rituais ye'kuana. Elaine Moreira nos revela um dado importante para reflexão sobre o tema aqui analisado: "Atualmente as principais festas, ou aquelas de maior duração, acontecem no período de férias escolares, com exceção do carnaval, já incorporado por eles. Mas outras atividades, especialmente de construção de casas, podem fugir do calendário escolar. Também alguns rituais, como a inauguração de uma casa ou o término de um período de resguardo após a primeira menstruação, exigem o consumo do Yadda-

pela riqueza dos cantos e das danças, uma festa que se dizia querer resgatar o que fora antes realizado com muito mais intensidade, ouvia dizer que a cultura ye'kuana estava desaparecendo. Para começar a entender minimamente o que estava acontecendo, fora preciso esperar mais alguns anos, até que tive a oportunidade de ler as histórias de Wätunnä (um ciclo de histórias e profecias que, simultaneamente, narra acontecimentos de um passado atemporal e o futuro do povo Ye'kuana) e um artigo muito lúcido e esclarecedor sobre o tema, escrito pela etnóloga Karenina Vieira Andrade (2009). Vale a pena reapresentar um trecho do final de um ciclo de histórias watunnää, onde se acredita que o mundo atual acabará e dará lugar a um outro mundo (um novo ciclo), antes de chegarmos ao final deste ensaio.

> O povo Ye'kuana está destinado a desaparecer. Nós, Ye'kuana, vamos nos misturar com os brancos e será

di [bebida fermentada de mandioca] e nem sempre acontecem fora do período escolar, o que por vezes gera uma certa tensão. Em relação ao ritual de passagem da menina para a idade adulta, por exemplo, depois da primeira menstruação tradicionalmente a moça fica reclusa durante um ano e passa a maior parte do tempo fiando algodão em um compartimento de sua casa destinado para isso. Cozinha sua própria comida e pesca sozinha. Durante esse período não usa enfeites, corta os cabelos bem curtos e reduz ao mínimo sua decoração corporal e contato social. O final da reclusão é marcado por uma cerimônia em que as reclusas se pintam e se enfeitam com miçangas. Tudo é acompanhado com cantos e, no final, as jovens deverão consumir uma quantidade abundante da bebida tradicional, sendo depois levadas até suas redes. A partir de então poderão se casar, se pintar e freqüentar as festas, entre outras coisas. O período de reclusão se sobrepõe ao período escolar, de todo modo, a escola se adaptou como pode ao calendário ye'kuana, deixando que a aluna em reclusão freqüente as aulas da maneira que for possível" (Disponível em: <pib.socioambiental.org/pt/povo/yekuana/746>. Acesso em: 12 dez. 2010).

o começo do fim. Na realidade, já não existem mais Ye'kuana de verdade. Estamos misturados com Maaku e Mawiisha. Nós fizemos guerra com eles, roubamos suas crianças e mulheres e nos casamos com elas. A língua Ye'kuana não é mais a língua dos antigos, a verdadeira língua. Está repleta de palavras estrangeiras, dos Maaku e Mawiisha. Agora, nós vamos nos misturar com os brancos. Os antigos pajés nos contaram como tudo iria acontecer. Os brancos chegarão com suas armas, aviões, livros. Os Ye'kuana aprenderão a língua deles e então começará o fim deste ciclo. Já falamos o português, nossos parentes na Venezuela falam espanhol. Os brancos estão por todos os lados, em nossas terras e ao nosso redor. O fim desta era, como nos disseram nossos föwai (xamãs), já está em curso. Os brancos trouxeram doenças e, depois, remédios. Fomos deixando de lado nossos próprios medicamentos. A escola chegou, nossas crianças estudam a história dos brancos e esquecem nossa própria história. Os jovens não sabem mais o que os antigos sabiam, fazer canoas, ralos, preparar remédios, cantar e dançar para celebrar os ensinamentos de Wanaadi [herói criador dos Ye'kuana]. Os antigos föwai viram tudo e nos contaram. Somente um föwai é capaz de deixar seu corpo e viajar até o futuro. A chegada dos brancos ao território ye'kuana marcará o fim deste ciclo e o início de um novo. Cada vez mais nos misturaremos aos brancos e deixaremos de ser Ye'kuana. Nós seremos os primeiros a acabar, antes do fim deste mundo. Wanaadi poupará seu povo do sofrimento final. Os brancos ficarão na terra e sofrerão até o fim. Primeiro, perderemos nossa cultura, nossa história. Esqueceremos nossa língua casando com os brancos e adotando seus valores, sua

> língua, sua cultura. Os Ye'kuana vão se misturar cada vez mais, até que não haja mais nenhum, somente filhos de Ye'kuana com brancos. O pessoal vai esquecer como se faz artesanato. [...] Existem muitos sinais que indicam que o fim está cada vez mais próximo. Os antigos diziam: quando os brancos trouxerem escola, vocês perderão a vida de Ye'kuana. Catástrofes e guerras ocorrerão pelo mundo. Quando este mundo acabar, lua e estrela morrerão também, cairão do céu aqui na terra. Quando o novo ciclo começar, os Ye'kuana retornarão como senhores desta terra. Os brancos sofrerão como sofrem os índios hoje. Eles tiveram sua chance e fizeram tudo errado, não seguiram os ensinamentos de Wanaadi. (ANDRADE, 2009, p. 15-16)

Estas histórias não são contadas por qualquer um, mas por especialistas "historiadores" (cantores, especialistas que, entre os Ye'kuana, desempenham papéis diferentes daqueles dos xamãs, os föwai), que passaram por um processo de iniciação e de longo aprendizado.[34] Diz Andrade:

> Assim como o föwai, o futuro historiador precisa adotar uma vida dedicada à aprendizagem do ofício. Também deverá abrir mão do consumo de diversos alimentos, o que contribuirá para que suas capacidades intelectuais estejam cada vez mais aguçadas. Um bom historiador deve ser dotado de uma grande inteligência

[34] Para os Ye'kuana, apenas grandes homens dotados de muita inteligência e muita dedicação tornam-se "historiadores" e xamãs (föwai), da mesma forma como, eles comparam, entre os brancos só com muito estudo e dedicação alguém pode tornar-se um médico (conferir ANDRADE, 2009, p. 21).

> e boa memória para reter a tradição que lhe é revelada oralmente.
>
> As histórias são contadas de preferência na madrugada, porque durante o dia os pássaros escutam e carregam a história consigo, então, o aprendiz ouvirá, mas não memorizará os ensinamentos de seu mestre. Assim, quando à noite todos repousam depois de um dia de trabalho, o aprendiz procura seu mestre em busca de novas lições. Na manhã seguinte, mais uma vez a lida diária o aguarda – não há privilégios de lazer diferenciado para os especialistas ye'kuana. (2009, p. 21)

Contudo, no momento atual, estas figuras-personagens, tanto os xamãs quanto os cantores, estão desaparecendo entre os Yekuana. É o que dizem. Foi o que me disse um grande cantor, Vicente de Castro, habitante da aldeia de Uaicás, que foi convidado e compareceu à aldeia de Auaris, onde aconteceu em 2003 o ritual Tanööko. Só que em Auaris não havia mais nenhum cantor que, como Vicente de Castro, soubesse conduzir cantos por mais de uma semana, reconstruindo a saga dos ancestrais Ye'kuana, dos seus espíritos, das outras gentes que o rodeiam, de onde surgiram e para onde iriam.

É verdade, no mundo atual, os Ye'kuana mantêm (cada vez de forma mais precária) os ensinamentos de seus antepassados, mas ainda não dominam o conhecimento e a tecnologia dos brancos, e, por isso, por eles seriam dominados. A forma de superar tal situação de dominação seria pela aquisição da escola e de seus conhecimentos. Mas, eis o paradoxo, ao entrar para a escola, ao formar profissionais indígenas da educação, cada vez mais deixam para o segundo plano os "profissionais indígenas" das narrativas míticas-históricas (os föwai e os cantores), cada vez mais a "cultura" ye'kuana se encurta e perde importância. Contudo, diz a sabedoria dos jovens professores ye'kuana: a escola dos brancos pode significar um fim de nossa "cultura", mas, entenda-se aqui, o fim desta "cultura" é apenas o fim de um ciclo, após o qual um outro surgirá, e neste, aí sim, os Ye'kuana seriam os donos das técnicas e dos conhecimentos dos brancos e passariam a utilizá-los de acordo com sua cultura ou modo de vida ou ética ou ethos "originários".

Porém, a passagem do ideal à prática não é tão fácil assim, nem é tão evidente à luz dos velhos, e mesmo dos brancos (pelo menos daqueles que não querem o fim da "cultura indígena", daqueles que se esforçam por criar nas aldeias uma educação indígena e diferenciada), que querem que a escola sirva *também* para "produzir e reproduzir" a cultura indígena. Assim, é correto dizer que os jovens professores indígenas ye'kuana portam uma atitude arriscada e ousada: ir para Boa Vista (capital de Roraima) cursar o ensino superior, adquirir o conhecimento dos brancos, e, ao mesmo tempo, retornar para suas aldeias e escolas, resgatar sua tradição, suas festas. Os velhos, contudo, sabem que esse é um risco perigoso, pois a educação do tipo ocidental tem, nos dias atuais, levado a um desrespeito ao saber dos antigos, a uma dependência cada vez maior em relação ao mundo dos brancos, um mundo que não respeita a ética e os valores contidos na tradição Wätunnä: entre os ye'kuana, o conhecimento e os bens materiais vindos de fora só têm valor quando são internamente compartilhados. Quando o ciclo atual acabar e um outro for inaugurado, este deve ser seguido de acordo com a ética e a lógica ye'kuana.

> A lição de Wanaadi é clara: no ciclo vindouro, os Ye'kuana terão todo o conhecimento e bens a seu serviço, assim como os brancos têm no presente; entretanto, comportando-se de forma avara com seus semelhantes, como fazem os brancos, os Ye'kuana perderão tudo, pois Wanaadi não hesitaria em encerrar mais uma vez o ciclo, por isso, esses bens e conhecimento devem ser usados em benefício de todos. (ANDRADE, 2009, p. 28)

Eis o dilema da presente educação indígena ye'kuana: preservar e transformar, respeitar o conhecimento dos velhos e adquirir novos conhecimentos, ou, em outras palavras, preparar-se para um novo ciclo (o que implica adquirir conhecimentos do exterior, transformar-se) e, ao mesmo tempo, não abrir mão do conhecimento dos antigos, o saber tradicional? É preciso deixar claro que este dilema se faz hoje presente na consciência dos próprios professores ou líderes ou intelectuais indígenas, que frequentemente se colocam várias perguntas, tais como: depois dos estudos na cidade, os jovens indígenas retornarão para suas comunidades de origem?; e se retornarem, qual papel ali terão?; rivalizarão com os velhos na função de transmitir os conhecimentos?; qual conhecimento transmitir ou a qual dar mais valor?; e se porventura alguns deles não voltarem para as aldeias e permanecerem nas cidades, teriam ali algum papel importante na mediação da relação entre o mundo indígena e o mundo dos brancos? Questões que só podem intrigar, permanecer no ar, à espera de que novas experiências possam apontar, se não respostas, pelo menos novos rumos na política educacional indígena.

CONSIDERAÇÕES FINAIS

A passagem da oralidade para a escrita, o deslocamento do lugar tradicional de transmissão do conhecimento (sobretudo o ritual) para a escola, a transformação no papel do encarregado de adquirir e transmitir conhecimento (do xamã-cantador-contador indígena para o professor indígena), tudo isso traz necessariamente aquisições e perdas consideráveis. Podemos dizer que esse é o maior desafio enfrentado por educadores, linguistas, antropólogos, líderes e professores indígenas, quando se trata de pensar a educação indígena: como, enfim, criar um espaço que seja ao mesmo tempo promotor da "cultura" tradicional e lugar de aquisição dos conhecimentos e da tecnologia do mundo exterior? Como, perguntou-se o líder Davi Kopenawa, formar médicos, enfermeiros, professores, dentistas, pesquisadores, e, ao mesmo tempo, continuar a história indígena, fazer com que os jovens continuem interessados em ser xamãs, caçadores, pescadores, que saibam construir as suas casas e viver com os recursos da floresta? Se a escola não é para virar branco, na opinião de Kopenawa, ela pode ser indigenizada?

Há no Brasil, cada vez mais em curso, um movimento, conduzido na maioria das vezes por lideranças indígenas,[35] no sentido de combinar escola e cultura "tradicional". Em um cenário não muito distante, onde missionários dominavam a formação indígena entre os Waiwai do rio Mapuera, onde os índios Kaxinauá do Acre estavam sob a tutela dos patrões dos seringais, onde os Maxuxi e demais

[35] Contudo, certamente, muitas vezes este movimento é provocado pela própria necessidade do estado e das suas mais distintas agências e quadros técnicos.

índios da Terra Indígena Raposa-Serra do Sol viviam submetidos à lógica e ao pensamento ora dos missionários evangélicos, ora dos missionários católicos, diante disso tudo, só podemos olhar com muita expectativa as recentes ações visando a transformar o sistema de educação indígena, tais como os "territórios etnoeducacionais", que estão sendo criados no interior do Ministério da Educação sob a coordenação de Gersem Luciano Baniwa, os programas de formação intercultural indígena das universidades públicas, incluindo cursos específicos e diferenciados para população indígena ou vagas específicas nos cursos regulares para estudantes indígenas.[36]

---

[36] Para se ter ideia do impacto destes programas, para a comunidade universitária e para os próprios indígenas, basta dizer que apenas a Universidade Federal de Minas Gerais abrigará daqui a três anos cerca de 200 alunos indígenas em seus *campi* e dentro de seus diversos programas de acesso e permanência do estudante indígena na universidade. A partir de 2011, a Universidade de Brasília, por meio do Centro de Desenvolvimento Sustentável, dará início a uma experiência inovadora no campo da pós-graduação: será criado um curso de mestrado que vai unir em uma mesma sala de aula alunos e professores indígenas para a elaboração de pesquisas sobre sustentabilidade junto a povos e terras indígenas (serão 26 vagas ofertadas, a metade reservada para estudantes indígenas). Atualmente, já existem vagas específicas em cursos regulares de graduação para a população indígena em universidades federais, tais como a do Pará (UFPA), São Carlos (UFSC), Brasília (UnB), Amazonas (UFMA), Minas Gerais (UFMG), Campina Grande/PB (UFCG), e nas estaduais da Bahia (UEBA) e do Amazonas (UEA). Sobre os cursos universitários de formação de professores indígenas, o Portal do Ministério da Educação oferece um breve resumo: "Mato Grosso, que é pioneiro da oferta de licenciatura intercultural, formou 189 professores em cursos da Unemat. Hoje, incluindo a Unemat, são nove universidades públicas com cursos interculturais, onde estudam 1.044 professores: a Universidade Federal de Minas Gerais (UFMG) tem 140 professores indígenas; Universidade Federal de Roraima (UFRR), 239; Universidade Estadual do Amazonas (UEA), 250; Unemat, 100; Universidade de São Paulo (USP), 80; Universidade Federal da Grande Dourados (UFGD), 111; as universidades federais de Goiás (UFG) e

Para se ter ideia do quanto são transformadoras as ações citadas acima, podemos lembrar rapidamente outro exemplo, o do rio Negro. Ali, depois de várias e desastrosas atuações missionárias desde a época do império, a partir de 1914, com a chegada dos salesianos na região, foi implantado um projeto educacional "civilizador" e "disciplinador", que implicava a aplicação de um sistema de internatos para os homens e para as mulheres indígenas, no qual a cultura indígena devia ser apagada e substituída pelos valores e pela moral do homem cristão moderno.[37] Esse sistema vigorou em pleno vapor até 1979 e subsistiu em alguns lugares até 1987. Por muito

de Tocantins (UFTO), conveniadas no mesmo curso, têm duas turmas com 94 professores; e a Universidade Federal do Amapá (Unifap), 30 (Disponível em: <portal.mec.gov.br/index.php?option=com_content&task=view&id=10113>. Acesso em: 12 dez. 2010).

[37] Segundo o *site* do Instituto Socioambiental, os salesianos demonstraram "um profundo menosprezo pelas formas de organização e pensamento dos índios, procuraram desde o começo dizimar as manifestações culturais destes povos. [...] Os salesianos consideravam que só lograriam penetrar na consciência dos adultos e velhos por meio de seus próprios filhos, depois que estes tivessem sido formados numa educação cristã e rigorosa. Desse modo, a vida das crianças na Missão era marcada por um rigor e disciplina extremos: os horários de todas as atividades eram rígidos e deviam ser obedecidos, a separação dos sexos era absoluta, era expressamente proibido o uso dos idiomas indígenas, até mesmo por aqueles recém-chegados que não falavam uma só palavra do português. Os salesianos também insistiram muito, e acabaram tendo êxito em convencer os índios a abandonar suas malocas e a se estabelecer em povoados compostos de casas separadas para cada família, sob os pretextos de promiscuidade sexual e falta de higiene. Desestimularam também os índios a praticar os rituais de iniciação masculina (rituais de jurupari). Empreenderam campanhas de difamação e de ridicularização das atividades dos pajés locais, proibiram o consumo de bebidas alucinógenas, tiraram das malocas indígenas enfeites e instrumentos de música cerimoniais" (Disponível em: <pib.socioambiental.org/pt/povo/etnias-do-rio-negro/1530>. Acesso em: 12 dez. 2010).

tempo, os índios do rio Negro ficaram literalmente nas mãos dos salesianos, que controlaram na área o sistema sanitário, de educação e de comércio.

A partir de agosto de 2009, deu-se início no rio Negro à construção do Programa de Formação Superior Indígena. Desde então, já foram realizados três seminários em São Gabriel da Cachoeira, que contaram com os seguintes objetivos, segundo o vice-prefeito da cidade, André Fernando Baniwa: "o primeiro foi que trouxe o sentido de amadurecimento das experiências de educação escolar indígena, e o segundo abordou o manejo do mundo, mas sem destruir. Agora [no terceiro seminário, em novembro de 2010], este vai aprofundar a nossa origem, formação da humanidade, o que explica nossas relações de respeito entre povos diversos, mas também com a natureza e como colocar isso para dentro do espaço de Ensino Superior, na educação escolar indígena." Já Vicente Tucano disse: "No Médio Tiquié temos a mesma história, essa é uma força da política indígena, por isso defendo através das escolas indígenas que nossa cultura seja preservada e seja considerada seriamente entre nossos grupos étnicos e também que os não índios vejam que essas histórias sagradas são sustentação desse mundo em que vivemos, que essas histórias sejam verdadeiramente suscitadas por nossos povos para as futuras gerações."[38]

Já durante uma reunião de implantação do Território Etnoeducacional Yanomami e Ye'kuana (TEEYY),[39] que ocorreu no

---

[38] Depoimentos publicados no *site* do Instituto Socioambioental: <http://socioambiental.org/noticias/nsa/detalhe?id=3231>. Acesso em: 12 dez. 2010.

[39] Segundo o *site* da Funai: "Os Territórios Etnoeducacionais representam um novo modelo de educação diferenciada para as populações indígenas baseado na

período de 10 a 12 de novembro de 2010 na cidade de Boa Vista, o professor Armindo Góes Melo Yanomami, presidente da Associação Yanomami do Rio Cauaburis e Afluentes (AYRCA), explicou qual modelo de educação indígena está sendo debatido: "O jovem precisa assistir a essa transmissão de conhecimento para aprender sobre sua cultura. Toda vez que o professor tem que obedecer a horários acaba não dando importância à cultura. Precisamos ter liberdade de participar dessas festas na hora e no dia em que elas acontecem". Segundo a informação da Funai,[40] "os professores explicam que esses rituais não têm data ou hora marcada, dependem de uma série de condições que podem surgir inesperadamente, como, por exemplo, a morte de alguém da aldeia, que pede um ritual de uma semana". Nesta mesma reunião, Davi Kopenawa, da Associação Hutukara, teria dito: "A gente espera que as crianças possam aprender e se tornar professores da própria comunidade para defender os direitos, a terra, a saúde, o meio ambiente, a língua materna e costume tradicional do povo Yanomami". E manifesta o sonho de que um dia os Yanomami possam ser professores do branco "para ensinar para os filhos de vocês (não índios) a importância que tem a natureza e a floresta para o Brasil, para o mundo todo".

territorialidade e não por unidade de Federação. A organização dos povos em TEEs está prevista no Decreto nº 6.861, de 27 de maio de 2009, e é o resultado do diálogo entre os povos indígenas e governos federal, estaduais e municipais. Esses diálogos apontavam para a necessidade de se reconhecer, nas políticas de educação escolar, os distintos contextos socioambientais e territoriais dos povos indígenas do Brasil" (Disponível em: <http://www.funai.gov.br/ultimas/noticias/2_semestre_2010/novembro/un2010_09.html. Acesso em: 12 dez. 2010).

40 Disponível em: <http:// www.funai.gov.br/ultimas/noticias/2_semestre_2010/novembro/un2010_09.html>.

No processo de implantação de dois outros territórios etnoeducacionais (o do rio Mapuera/grupos Waiwai e o dos Kayapó/Mebengokre), durante uma reunião que ocorreu nos dias 22 e 23 de outubro de 2010, na cidade de Belém, o cacique geral dos Waiwai, Iraixa Eliseu Waiwai, disse que seu povo estava "conquistando o direito de aprender o Português como qualquer outro brasileiro deste país". Com isso, iria poder: "resgatar nossos conhecimentos antigos, nossa língua e nossas verdadeiras raízes, fortalecendo assim a identidade de cada povo". Já Katop Xikrin disse que os mais velhos "não sabiam ler, nem escrever; não entendíamos como funcionava a educação". E lembra: "antes lutávamos com arco e flecha, mas hoje lutamos com uma nova borduna, com documento que vai garantir os nossos direitos. Porque agora com o conhecimento sabemos os nossos direitos e como conquistá-los."[41]

Enfim, não resta dúvida de que a educação "escolarizada", ainda que diferenciada, traz uma profunda transformação nos modos de socialidade e nas práticas culturais das sociedades indígenas: não há dúvida de que o poder se cristaliza de outra forma (agora mais nas mãos dos professores indígenas do que nas dos xamãs e cantores-historiadores); de que a ideologia individualista abre pequenas

[41] Disponível em: <http://pib.socioambiental.org/en/noticias?id=94111&id_pov=301>. Acesso em: 12 dez. 2010. Neste mesmo encontro, teria dito o líder Paulinho Paiakan: "Há muitos anos atrás eu procurei a Funai em Belém a fim de aprender a língua portuguesa, e mandaram-me voltar para minha tribo, a fim de pescar, caçar, dançar e pintar. O índio era descriminado, hoje as coisas mudaram, o ritmo mudou, a Funai mudou. Nós estamos caminhando rumo a conquista do ensino diferenciado aos índios. Temos o direito de aprender como qualquer cidadão brasileiro" (Disponível em: <http://blogdafunai.blogspot.com/2010_10_01_archive.html>. Acesso em: 12 dez. 2010).

brechas na ética da pessoa "dual" ameríndia; de que os cantos e cosmologia indígena tendem a se simplificar, seja na passagem para a escrita, seja nas suas próprias novas práticas ritualizadas das escolas e das "apresentações culturais"; de que a prosa e o discurso político das lideranças indígenas mais preocupados com a informação e com a comunicação têm deixado para o segundo plano a linguagem como discurso poético e corporal, no sentido dado por Pierre Clastres; de que as aulas e o pensamento da matemática têm sido usados mais para dividir, subtrair, somar (no sentido de acumular), enfim, produzir bens, e menos no sentido de fazer proliferar as já quase infinitas relações sociais indígenas; de que a alfabetização indígena tem sido mais utilizada com o propósito de "civilizar" o índio (seja por meio da religião cristã ou da formação da cidadania, duas faces iguais da cosmologia ocidental) do que no sentido de promover o pensamento e a ontologia indígena.

Contudo, as diversas experiências aqui relatadas –as escolas indígenas nas aldeias, a criação de cursos específicos de nível superior para a população indígena, as vagas específicas para estudantes indígenas em cursos regulares das universidades públicas, as ações no sentido de criação de uma universidade indígena nos territórios indígenas, a criação dos territórios etnoeducacionais – podem, no mínimo, dar o poder aos próprios indígenas de contar sua própria história da colonização ou do encontro do indígena com o homem ocidental: não haverá mais apenas a "história" e a versão do "branco" civilizado sobre sua conquista, assim como não haverá mais apenas os missionários e "educadores" não indígenas para ensinar os indígenas sobre a "lei", a "moral" e a "física" do mundo. Tais experiências poderão, ainda, oferecer aos próprios indígenas uma situação mais confortável para o controle deles mesmos sobre esse encontro/confronto com o mundo exterior ocidental. Enfim, ainda é como utopia, esperamos que os índios possam, neste processo, indigenizar a modernidade, mostrar-nos que o "progresso" e o "desenvolvimentismo" não são a saída mais inteligente para enfrentar os desafios da humanidade, que, talvez, o pensamento indígena seja mais sábio do que o nosso (ocidental), quando aquele nos ensina que todas as partes da natureza – homens, plantas, animais, rios, ventos e nuvens – são dotadas de agência (têm alma) e se ligam umas às outras. Talvez isto (a indigenização do mundo atual, com a proliferação de "escolas" e "educadores" indígenas) pudesse abrir perspectivas para o homem ocidental repensar criticamente suas mais sólidas convicções, quando, há muito tempo, como diz Lévi-Strauss (1987, p. 49):

> Começou-se por separar o homem da natureza, e por fazer com que ele constituísse um reino soberano; acreditou-se assim encobrir seu caráter mais irrecusável, a saber, que ele é, primeiro, um ser vivo. E, permanecendo-se cego para esta propriedade comum, deu-se total liberdade a todos os abusos. Nunca melhor que ao termo dos quatro últimos séculos de sua história, o homem ocidental pode compreender senão arrogando-se o direito de separar radicalmente a humanidade da animalidade. Concedendo a uma tudo o que retirava da outra, ele abriria um ciclo maldito, cuja própria fronteira, constantemente recuada, serviria para desviar os homens dos outros homens, e para reivindicar, em proveito de minorias sempre mais restritas, o privilégio de um humanismo, corrompido logo ao nascer, por ter buscado no amor-próprio seu princípio e sua noção.

Desta forma, talvez a "escola indígena" e os "educadores" indígenas, em um processo complexo e indeterminado, pudessem atingir um objetivo aparentemente paradoxal: resignificar (recuperar e transformar) a tradição nativa (o ensinamento dos "velhos", as narrativas mitológicas, as histórias de contato) e, ao mesmo tempo, apropriar-transformar a técnica e o conhecimento ocidental. Entre os Huni Kuin (Kaxinauá), como disse a etnóloga Ingrid Weber (2006, p. 221-222), não há obsessão em preservar a "cultura", pois "se as festas tradicionais não eram mais realizadas, não havia motivos para que seus cantos fossem 'preservados'; não existiam mais os contextos para a sua prática e transmissão e, por isso, como afirmaram os professores, eles estavam acabando." E onde é exatamente que eles estão ressurgindo? Na escola! Entre os Huni Kuin, "a escola, geralmente a única construção da aldeia que não costuma ser de palha e paxiúba, é agora o espaço por excelência da 'preservação'." E este ensaio não poderia terminar de outra maneira que desta forma parodoxal, pois a onda "preservar" não é mesmo o axioma maior da cultura indígena, muito antes pelo contrário, o axioma ali é "transformar". Portanto, se não há motivos para acreditar que a escola é em si uma "boa medida" para o "mundo indígena", ela está sendo cobiçada nos dias de hoje pelas mais diferentes frentes e projetos indígenas, talvez para transformá-la, se transformarem e, isto é uma utopia, para nós ocidentais nos transformar. Parece que a maior parte das ações e práticas voltadas para a alfabetização e o ensino no mundo indígena já não estão mais voltadas apenas para a conversão religiosa cristã, mas uma fissura foi aberta naquele antigo sistema de escola, que é o modelo de escola ocidental-cristã para os índios e para os próprios ocidentais, e com isso são abertas novas possibilidades e novas experiências de ensino, que talvez nos levem não à produção da unanimidade-igualdade, mas à multiplicação da diferença e à proliferação de um tipo de conhecimento que, em vez de separar, volte a juntar o homem à natureza.

REFERÊNCIAS

ANDRADE, Karenina V. Wätunnä: a força de uma profecia ye'kuana. *Tellus*, n. 17, p. 11-31, jul./dez. 2009.

CLASTRES, Pierre. O arco e o cesto. *In*: *A sociedade contra o Estado*: pesquisas de antropologia política. São Paulo: Cosac & Naify, 2003. cap. 5.

CLASTRES, Pierre. O dever da palavra. *In*: *A sociedade contra o Estado*: pesquisas de antropologia política. São Paulo: Cosac & Naify, 2003. cap. 7.

FRANCHETTO, Bruna. A guerra dos alfabetos: os povos indígenas na fronteira entre o oral e o escrito. *Mana*, v. 14, n.1, p. 31-59, abr. 2008.

LÉVI-STRAUSS, Claude. *Tristes trópicos*. São Paulo: Companhia das Letras, 1996.

LÉVI-STRAUSS, Claude. Jean-Jacques Rousseau, fundador das ciências humanas. *In*: *Antropologia estrutural dois*. Rio de Janeiro: Edições Tempo Brasileiro, 1987.

RIVIÈRE, Peter. *O indivíduo e a sociedade na Guiana*: um estudo comparativo da organização social ameríndia. São Paulo: Universidade de São Paulo, 2001.

SILVA, Marcio. *Romance de primas e primos*: uma etnografia do parentesco Waimiri-Atroari. Manaus: Valer; Edua, 2009.

WEBER, Ingrid. *Um copo de cultura*: os Huni Kuin (Kaxinawá) do Rio Humaitá e a escola. Rio Branco, AC: EDUFAC, 2006.

Informação bibliográfica deste texto conforme a NBR 6023:2002 da Associação Brasileira de Normas Técnicas (ABNT):
QUEIROZ, Ruben Caixeta de. Educação e pensamento indígena: da alfabetização aos territórios etnoeducacionais. *In*: FONSECA, Marcus Vinícius; SILVA, Carolina Mostaro Neves da; FERNANDES, Alexsandra Borges (Org.). *Relações étnico-raciais e educação no Brasil*. Belo Horizonte: Mazza, 2011. p. 145-181. ISBN 978-85-7160-545-9.

6. ESCOLAS DE IMIGRANTES NO BRASIL

por LÚCIO KREUTZ

Sabemos que os grupos étnicos foram se constituindo pelas especificidades de língua, religião, costumes, tradições, sentimentos e pertencimentos relacionados a lugares. Ao longo do tempo, ao enfrentarem os desafios do dia a dia, instituíram modos de ser, formando a pluralidade cultural. No encontro dos diversos povos com culturas diferentes, a pluralidade não costumava ser vista como um bem a ser preservado, ao contrário, a tendência histórica foi a da uniformização de culturas, isto é, uma determinada cultura procurava afirmar-se hegemonicamente sobre as outras.

No Brasil, pluralidade étnica vem sendo uma característica da população ao longo de toda sua história. Nesse percurso de tempo, a diversidade de culturas foi e continua sendo um desafio para as políticas educacionais. Por isso, a questão central, neste texto, relaciona-se com a possibilidade de formação das escolas étnicas de imigrantes e a relação destas com as políticas governamentais, em período histórico de ênfase na formação do Estado

Nacional, representado como uno, coeso e forte, com expressão mais acentuada nas décadas de 1930/40.

Atualmente, encontramo-nos em contexto histórico com crescente sensibilidade para a questão da identidade/diferença. Estamos mais atentos para as relações entre educação, cultura e sociedade, avançando no entendimento de que a multiplicidade de grupos étnicos no país não é um mal, como foi considerada em várias situações e em vários períodos históricos.[42] Ao contrário, enfatizamos que a diversidade cultural é um grande bem, uma fonte de criatividade, conforme realça a Declaração Universal da UNESCO sobre a Diversidade Cultural, de 2001: "a riqueza cultural do mundo está na sua diversidade em diálogo". No art. 2, esta Declaração afirma que é "indispensável garantir uma interação harmoniosa e um desejo de convivência entre pessoas e grupos cujas identidades culturais sejam ao mesmo tempo plurais, variadas e dinâmicas". Em relação à educação, a Declaração salienta que "toda pessoa tem o direito a uma educação e a uma formação de qualidade que respeitem plenamente sua identidade cultural" e que "não se pode invocar a diversidade cultural como forma de vulnerabilizar os direitos humanos".

O pertencimento étnico, ou seja, a forma como a configuração étnica de um grupo vai se estabelecendo, não é uma realidade muda. Ele é fonte de sentido e de construção do real, mesmo quando o grupo se encontra marginalizado. A dimensão étnica não se dá no abstrato, ela ocorre em relações sociais,

[42] Sobre a homogeneização cultural promovida pelo processo escolar, ver Betancourt (1997); Juliano (1993); Pujadas (1993).

num jogo de poder. Significa dizer que os processos culturais são conflituosos e que em cada etnia há uma história de luta pela determinação de seus valores, pela busca e afirmação de espaço. A consciência de que a dinâmica de uma sociedade ocorre no entrecruzamento de interesses, de conflitos, muitas vezes contrapostos, indica a necessidade de buscar entender como a escola atua ou atuava diante do desafio da diversidade de culturas. É importante perguntar-nos se a escola esteve engajada na formação de um clima favorável à pluralidade cultural, ao diálogo entre culturas, ou se ajudou a silenciar algumas etnias para privilegiar outras, especialmente a do grupo étnico predominante, entendendo-o portador da "verdadeira cultura". Sabemos que a escola é uma instituição ativamente envolvida com a produção de significados e de valores, por isso, inseriu-se quase sempre de maneira muito enfática em formas de regulação social e moral que privilegiavam noções de identidade nacional, ligadas a uma cultura tradicional, ignorando as múltiplas vozes e a experiência cultural dos grupos subordinados. E a Declaração Universal da UNESCO sobre a Diversidade Cultural agora aponta para um novo horizonte desejável.

O objetivo neste texto é abordar a história das escolas étnicas de imigrantes no Brasil, salientando os períodos e as situações em que não houve o entendimento de que "a riqueza cultural do mundo está na sua diversidade em diálogo", como afirma a UNESCO. Não se trata de pensar que no passado deveriam ter sido levadas em consideração nossas referências de hoje, mas salientar como ao longo de nossa prática educacional as referências de valor estão sendo reelaboradas.

IMIGRANTES NO BRASIL E ESCOLAS ÉTNICAS

Entre 1819 e 1947, o Brasil recebeu em torno de 4.900.000 imigrantes de diversas etnias.[43] Vários motivos levaram o governo brasileiro a incentivar a imigração. A partir da proclamação da independência, intensificou-se a discussão sobre um desejável projeto de nação. A elite política observava o rápido desenvolvimento nos Estados Unidos que, há décadas, vinham recebendo elevado número de imigrantes e entendia que esse poderia ser um exemplo a ser seguido no Brasil. Nos debates e nas publicações, elogiavam-se a rápida expansão do povoamento, o incentivo à pequena propriedade, às atividades artesanais e manufatureiras naquele país. Seu desenvolvimento era atribuído à imigração, enaltecendo-se a pequena propriedade como fonte de virtudes. Outro motivo para incentivar a imigração para o Brasil era a necessidade de ocupação do espaço geográfico no Sul, onde havia frequentes conflitos de fronteiras. Vários autores afirmam que também houve motivação racial para privilegiar a vinda de imigrantes europeus, buscando-se "branquear" o país, acreditando-se em suposta "superioridade inata" de alguns povos europeus para o trabalho.[44] Estes povos foram os favorecidos na imigração para o Brasil. Oficialmente, incentivava-se a formação de núcleos etnicamente homogêneos, para realçar o exemplo dos novos trabalhadores e preservá-los do contágio e vícios da população nacional. Cada família teria uma pequena propriedade, próxima a uma

---

[43] Vejam-se Carneiro (1950); Viotti (1977, p. 143-144); Bruit (1982, p. 29); Petrone (1982); Diegues Jo r. (1976).

[44] Ver, especialmente, Ianni (1979); Furtado (1972); Skidmore (1976); Carneiro (1950).

vila na qual se organizava escola, igreja, comércio, artesanato, cemitério e clube, entendido como estrutura que favoreceria a vida comunitária.

Quando me refiro a escolas de imigração, entendo principalmente as organizadas em núcleos rurais, com características culturais do respectivo grupo de imigrantes e com conotação fortemente comunitária, embora houvesse também escolas de imigrantes em centros urbanos. No entanto, a localização em áreas rurais também variava, de acordo com as diversas regiões, não obstante tenham predominado as localizadas em núcleos rurais, com pequena propriedade.

Nesse contexto de políticas para a imigração no Brasil, os povos de língua alemã formaram a primeira corrente imigratória.

QUADRO 1 – Entrada de imigrantes no Brasil, até 1947

Grupo étnico	A partir de	Número de imigrantes
Alemães	1824	250.000
Italianos	1875	1.500.000
Japoneses	1908	188.000
Russos	1880	123.000
Austríacos	1890	94.000
Poloneses	1880	50.000
Portugueses	1822	1.400.000
Espanhóis	1822	598.000
Sírio-libaneses		80.000
Diversas etnias		350.000

Fonte: Quadro organizado a partir dos dados apresentados por Carneiro (1950); Bruit (1982); Petrone (1982) e Diegues Jr. (1976).

Os primeiros seis grupos acima citados estabeleceram-se predominantemente em área rural, formando comunidades com escolas étnicas. No mesmo período, também imigrou para o Brasil elevado número de portugueses, de espanhóis e, em menor número, algumas outras etnias, que se estabeleceram principalmente em centros urbanos, mantendo poucas escolas étnicas. Assim, ao tratar de escolas étnicas, neste texto, refiro-me àquelas dos primeiros grupos étnicos acima citados, que se caracterizavam como escolas étnico-comunitárias, em núcleos rurais, tendo igualmente conotação confessional. As escolas étnico-comunitárias dos imigrantes no Brasil foram um espaço de afirmação e de reelaboração das características culturais dos respectivos grupos.

Algumas etnias, localizadas em área urbana, também organizaram escolas étnicas, em parte mantidas por congregações religiosas, masculinas e/ou femininas. Tratava-se de escolas étnicas particulares. Houve também escolas étnicas particulares laicas, especialmente em centros urbanos maiores. Neste caso, um grupo de imigrantes formava sua Associação para ser mantenedora da escola. O número destas escolas foi pequeno, mas normalmente eram reconhecidas por sua qualidade e equiparação curricular com os países de origem.

O que há em comum nestes diversos tipos de escolas de grupos de imigrantes é o fato de haverem sido escolas étnicas. Significa dizer que eram escolas cujo currículo retratava as dimensões culturais próprias do respectivo grupo, como língua, religião, modo de ser e valores. Nos estados em que imigrantes alemães, italianos e poloneses se concentraram em núcleos rurais, promoveram-se escolas étnicas comunitárias, com o apoio das respectivas lideranças religiosas, normalmente da mesma etnia. Nestes núcleos organizavam suas escolas à semelhança dos países de origem. A própria estrutura física dos núcleos já havia sido pensada para favorecer a dinâmica comunitária. Um grupo de 80 a 100 famílias, em suas pequenas propriedades, organizava-se em torno de um centro, com infraestrutura de artesanato, comércio, atendimento religioso, escolar e social. A partir e em torno deste núcleo, organizava-se a vida sociocultural do grupo, em que a escola e o professor ocupavam lugar de destaque. Os moradores do respectivo núcleo rural assumiam a escola como sendo de interesse comum e, assim, esperava-se o comprometimento de todos com a construção e manutenção da escola e com as despesas com o professor. Assim, essas escolas podem ser tipificadas como escolas étnico-comunitárias. No caso das escolas étnicas japonesas a coordenação era laica, a partir da Associação dos País. Esse processo escolar dos imigrantes durou até 1939, quando a legislação nacionalista de ensino proibiu essa iniciativa, em momento histórico de declaração de guerra aos três países do Eixo. Tratava-se exatamente dos países cujos emigrantes tinham maior número de escolas étnicas no Brasil.

Fica a pergunta: as escolas dos diversos grupos de imigrantes eram escolas brasileiras ou estrangeiras? Em 1919, denominou-se, por meio de legislação, como escolas estrangeiras "aquelas nas quais uma disciplina como matemática ou religião era ensinada em língua estrangeira". Atualmente, em outro contexto e com outras referências de análise – como foi enfatizado na introdução –, entendemos que este termo "escolas estrangeiras" não é adequado. É melhor denominá-las como escolas étnicas de imigrantes no Brasil, porque a grande maioria das pessoas pertencentes a estas etnias de imigrantes havia escolhido o Brasil como sua pátria, proclamava-se cidadão brasileiro, não pensava em voltar para o país de origem. Houve exceções, mas em número bem menor. Como já foi explicitado, a imigração havia sido favorecida pelas políticas oficiais, com o objetivo de desenvolver o país, tendo-se como referência o rápido desenvolvimento nos EEUU, atribuído ao concurso dos imigrantes. Por isso, a formação de núcleos rurais etnicamente homogêneos foi preferida, inicialmente, pelas políticas oficiais. Isto ajuda a explicar o isolamento inicial dos imigrantes.

Nas décadas de 1920 e 1930, com a crescente afirmação do Estado nacionalista no Brasil, a pluralidade étnica começou a ser vista como problema, especialmente em relação aos grupos de imigrantes que haviam criado ampla estrutura sociocultural comunitária, com características predominantemente étnicas. Trata-se de um exemplo, marcante, daquilo que ocorre no dia a dia da sociedade: a dimensão cultural não é muda, neutra. Ela é constitutiva no processo histórico, é fonte de significação e de organização da vida social. Expressa entrecruzamentos de interesses na sociedade em que os grupos buscam sua afirmação, seu espaço em relação frequentemente conflituosa, às vezes mais velada, noutras aberta. Neste contexto, entende-se porque alguns grupos de imigrantes consideravam de muita importância ter escolas étnicas.

A LOCALIZAÇÃO DAS ESCOLAS ÉTNICAS NO BRASIL

Os imigrantes vieram ao Brasil com tradição escolar bastante diferente. Na década de 1890, período de ingresso mais intenso de imigrantes, o Brasil estava com um sistema escolar altamente deficitário, sendo os alfabetizados apenas algo em torno de 15 a 20%

de sua população. Entre os imigrantes, o índice de alfabetização era mais elevado. Estudos indicam que parte dos imigrantes de algumas etnias – como alemães e japoneses – tinham um índice de alfabetização em torno de 90%, por ocasião de sua vinda ao Brasil. Este índice variava de etnia para etnia e também numa mesma etnia, dependendo da sua região de proveniência. Havia inclusive grupos étnicos com uma taxa de alfabetização em torno de apenas 50%.

De acordo com sua história anterior em relação ao processo escolar, algumas etnias de imigrantes começaram a pressionar o governo em favor de escolas públicas. Outras, especialmente as que haviam se estabelecido em núcleos com homogeneidade étnica, iniciaram um processo de escolas comunitárias. No entanto, isto não se devia somente à experiência cultural anterior, dependia também da forma e do lugar de inserção no Brasil. No estado de São Paulo, por exemplo, que teve o maior contingente de imigrantes, estes não se concentraram tão acentuadamente em núcleos rurais isolados como os do Rio Grande do Sul, Santa Catarina, Paraná e Espírito Santo.[45] A localização dos imigrantes na área rural ou urbana marcava sua forma de inserção, facilitando ou não a formação de escolas comunitárias do respectivo grupo étnico. Foi nas colônias de imigrantes alemães, italianos, poloneses e, a partir de 1908, também de japoneses que os respectivos grupos étnicos, bastante isolados do convívio com a população nacional, empreenderam ampla estrutura de apoio para seu processo escolar, comunitário, com características

---

[45] Conferir pesquisas de Bezerra (2007); Maysa Rodrigues (2009); Demartini (1998); Maria Rodrigues (2008); Destro (1994); Renk (2000); Corrêa (2000); Klug (1994); Dallabrida (2003); Handa (1987); Vecchia (1998); Luchese (2008) e Kreutz (1991).

dos países de origem. Essa iniciativa dos imigrantes foi favorecida pela especificidade dos núcleos rurais, projetados para que cerca de 80 a 100 famílias se organizassem em torno de um centro para a comunidade, com estruturas de apoio por meio do artesanato, comércio, atendimento religioso e escolar, permitindo as condições básicas para a integração entre os moradores. Por isso, é importante salientar, como foi dito acima, que houve sensível diferença entre escolas étnicas urbanas e rurais. Excetuando-se os casos de São Paulo e Minas Gerais, a maior parte das escolas étnicas foi de núcleos rurais. Houve, inclusive, diferença no processo escolar em uma mesma etnia, de estado para estado. Por exemplo, as escolas italianas de São Paulo tiveram uma dinâmica diferente daquelas da mesma etnia em núcleos rurais do Rio Grande do Sul e de Santa Catarina.

O número de escolas étnicas, no Brasil, varia de acordo com as fontes e com o contexto em que foram criadas e mantidas. A divergência quanto aos números deve-se em parte ao período de tensões entre governo e liderança dessas escolas, de 1938 a 1941, quando foram extintas por um conjunto de decretos governamentais, em contexto de forte ênfase nacionalista. Hoje, estima-se que o total tenha sido em torno de 2.500 escolas.

Entre essas, o maior número de escolas étnicas foi dos imigrantes alemães, com 1.579 escolas, seguindo-se as dos italianos, com 396, dos poloneses, com 349, e dos japoneses, com 178. Também houve escolas étnicas de outros grupos de imigrantes, mas em número menor. Na década de 1930, registra-se o ápice das escolas étnicas entre imigrantes alemães, poloneses e japoneses. No caso dos imigrantes italianos, a dinâmica foi diferente, tiveram o maior número de escolas em 1913, quando somavam 396 escolas, parte delas em região urbana do estado de São Paulo. Daí em diante, o número das escolas foi diminuindo para 167 na década de 1930. Isso se explica, como foi sugerido acima, pelas diferentes formas de inserção no trabalho, na sociedade e também pelas diferentes experiências culturais dos grupos étnicos. Para imigrantes alemães, poloneses e japoneses, o processo escolar étnico tinha peso maior, o que possivelmente tem a ver com motivos religiosos e, principalmente, com a grande diferença linguística e cultural dos seus países de origem em relação ao Brasil. Imigrantes italianos estavam linguística e culturalmente mais próximos da tradição lusitana e, tão logo conseguissem, optavam preferencialmente pelas escolas públicas no Brasil, especialmente em centros urbanos. Todas as etnias de imigrantes, em centros urbanos, aderiram mais cedo às escolas públicas, com exceção daqueles que tinham acesso às escolas étnicas de elite. Mas estas já estavam adotando o currículo nacional, além da adaptação ao currículo do país de origem e, por isso, tinham o número de horas/aula acima do exigido no currículo nacional.[46] No entanto, há um fator a mais, com muito peso para a dinâmica das escolas entre imigrantes: trata-se da presença das igrejas cristãs, católica e luterana.

ESCOLAS ÉTNICAS NO CONTEXTO DA FORMAÇÃO DO ESTADO NACIONAL E DE REAÇÃO DAS IGREJAS CRISTÃS

A partir do período republicano, quando os grupos de imigrantes acima citados começaram a investir crescentemente no

46 A respeito, ver especialmente Bezerra (2007) e Schimmelpfeng Sousa (2007).

processo escolar étnico, ocorria disputa de espaço entre Estado e igrejas cristãs, especialmente sobre a questão de quem tinha o direito para ajuizar sobre a educação. Na perspectiva do liberalismo, articulava-se a formação do Estado Nacional, laico, soberano, como referência maior para as diversas instâncias da vida coletiva. Este movimento teve uma tendência crescentemente nacionalista, buscando-se afirmar uma nação unida, forte e autônoma. Nesse sentido, as lideranças políticas foram enfatizando crescentemente o direito do Estado sobre a educação. Para alcançar este objetivo e formar uma nação forte e unida, seria necessário difundir e legitimar um ideário ancorado no processo escolar único, com uma só língua, para formar um só povo. Sob esta perspectiva de formação do Estado Nacional, a escola foi chamada a ter um papel central na configuração da identidade nacional desejada. Em relação às diversas etnias presentes no território nacional, especialmente imigrantes, incentivavam-se políticas por meio das quais se chegasse a representações que correspondessem à edificação de um projeto nacional. Por isso, ao se incentivar a escolarização no período republicano, houve a tendência de instaurar políticas de afirmação de uma língua única, de um currículo escolar homogêneo. A escola deveria ser ativada em perspectiva monocultural. Não foi um movimento constante, linear, nas políticas educacionais do período republicano, mas começou a ser problemático para a pluralidade cultural. Este processo gerou desafios aos imigrantes que vieram favorecidos pelas políticas oficiais para a modernização e branqueamento do país, e que se reconheciam como cidadãos brasileiros, buscando, no entanto, um processo escolar vinculado com as especificidades étnicas.

Para entender este movimento histórico de afirmação de espaço, gerando tensões, é essencial explicitar a presença das igrejas cristãs junto aos imigrantes. A partir de 1870/80, quando a influência do liberalismo se fazia sentir crescentemente, também entre imigrantes, a Igreja Cristã (católica e luterana) começou a fazer uma frente de oposição ao avanço deste ideário. Embora com diferenças marcantes entre suas lideranças, estas duas confissões religiosas tiveram em comum a reação ao avanço de princípios não cristãos do Estado laico. Nesta reação, as igrejas cristãs deram especial atenção aos imigrantes, boa parte dos quais provinha de países europeus com fortes tensões entre a afirmação do Estado laico e a Restauração Religiosa. Junto aos imigrantes no Brasil, centraram as iniciativas em instâncias consideradas vitais na formação para os princípios desejados. Investiram fortemente na difusão da imprensa, no associativismo e, principalmente, no processo escolar. Algumas iniciativas foram comuns entre as duas confissões religiosas, como, por exemplo, a elaboração, a impressão e o uso de manuais escolares em assuntos nos quais não entrasse a divergência religiosa. Também houve iniciativa comum na criação de um Instituto de Pensão e Aposentadoria para os professores da imigração alemã. O interesse das igrejas cristãs pelo processo escolar entre imigrantes foi visível em todas as etnias, porém mais forte entre imigrantes alemães em que a confissão evangélica luterana foi predominante.

O Anuário do Professor (*Lehrer-Kalender*), de 1931, apresenta um quadro estatístico que ilustra bem a presença das igrejas cristãs no processo escolar dos imigrantes alemães.

QUADRO 2 – Escolas alemãs no Brasil e sua relação com Igreja – 1931

Est.	Evangélicas		Católicas		Mista		Total	
	Escolas	Alunos	Escolas	Alunos	Escolas	Alunos	Escolas	Alunos
RS	549	18.938	362	16.666	41	1.474	952	37.078
SC	116	4.874	80	4.920	82	3.052	297	12.346
PR	10	309	7	1.142	17	731	34	2.182
SP	6	295	2	609	21	2.261	29	3.165
RJ	1	30?	-	-	4	400?	5	430?
ES	21	705	-	-	1	12	22	717
MG	2	76	-	-	-	-	2	76
BA	-	-	-	-	2	67	2	67
PE	-	-	-	-	1	20(?)	1	20?
GO	-	-	-	-	1	15(?)	1	15?
Total	705	25.227	451	23.337	169	8.032	1.345	56.596

Fonte: *Lehrer-Kalender*, 1931, p. 98.

De um total de 1.345 escolas desta etnia, no Brasil, naquele ano, 705 eram escolas vinculadas à Igreja Evangélica Luterana, 451 vinculadas à Igreja Católica e 169 eram escolas mistas. Estes dados revelam claramente que entre imigrantes alemães o processo escolar nas comunidades rurais vinculava-se fortemente às igrejas cristãs. O mesmo ocorria com as escolas dos imigrantes poloneses e, em parte, com as dos italianos. No entanto, para imigrantes italianos e poloneses, a vinculação confessional era predominantemente com a Igreja Católica. As escolas de área urbana, como anotamos acima, geralmente eram promovidas por uma Associação, formada por um grupo étnico, e tinham característica mais laica.

As igrejas cristãs que incentivaram as escolas comunitárias junto aos imigrantes fizeram-no recorrendo a publicações de jornais, revistas, anuários e livros didáticos. Este processo escolar foi adquirindo a conotação confessional na medida em que aumentava a disputa de espaço entre Estado e Igreja. As associações de professores eram o canal mais forte de intervinculação entre Igreja e escola. A produção de material didático, a organização curricular e a escolha de professores não se davam de forma independente, restrita a cada núcleo rural. Ao contrário, a partir do período republicano, a política das escolas étnicas foi definida, incentivada e reelaborada com a participação das igrejas cristãs que assumiram a questão escolar como principal ponto de apoio para sua ação nos núcleos rurais. Por isso, a denominação mais adequada para essas escolas possivelmente seja "escolas étnico-comunitárias, com acentuada conotação confessional".

O Estado, por sua vez, não ficou alheio a este processo. Avançou gradativamente com medidas preventivas de nacionalização destas escolas étnicas, colocando restrições ao uso exclusivo da língua materna dos imigrantes, intervindo no currículo para fomentar maior nacionalização e estabelecendo concorrência com a abertura de escolas públicas, gratuitas, ao lado de escolas comunitárias mantidas pelos imigrantes. Gerou-se um movimento de tensões crescentes entre igrejas, imigrantes e Estado. Isso leva a entender que a partir do período da República, no Brasil, os imigrantes investiram em escolas étnicas, comunitárias, nem sempre pelo motivo, frequentemente alegado, de que não havia escolas públicas à disposição. Em parte isto ocorreu, porém foi mais característico até o período republicano. Daí em diante, a iniciativa nas escolas comunitárias, étnicas, dava-se também em boa medida no espírito de um projeto religioso em reação ao avanço do ideário liberal, no qual se propunham escolas públicas, laicas.

GRUPOS DE IMIGRANTES E CARACTERIZAÇÃO DE SUAS ESCOLAS ÉTNICAS

Não se pode falar em escolas étnicas dos imigrantes no Brasil sem salientar diferenças entre os diversos grupos de imigrantes, motivadas pela sua tradição anterior quanto ao processo escolar e motivadas também pelas especificidades de localização e de inserção na dinâmica social e econômica do país. Há traços bastante comuns entre as escolas das diversas etnias em núcleos agrários. Em centros urbanos e na região de produção do café, sem a estrutura de pequenas propriedades, o processo escolar étnico teve especificidades.

Em visão panorâmica, bem sucinta, segue pequeno quadro descritivo do processo escolar dos imigrantes, salientando seu número e sua distribuição por etnia e por região geográfica, sendo que, para mais informações a respeito, são sinalizados autores de pesquisas sobre o assunto.

a) Escolas da imigração alemã

Vimos acima que os imigrantes alemães tiveram o maior número de escolas étnicas no Brasil. Pelas informações das duas Associações de Professores, evangélico-luteranos e católicos, em 1937, o número de escolas era de 1.579, distribuídas da seguinte forma pelos estados: RS com 1.041; SC com 361; SP com 61; RJ com

16; ES com 67, outros estados, em conjunto, com 33.[47] Esse grupo de imigrantes veio ao Brasil com tradição escolar bastante forte, em torno de 90% de alfabetizados. Por meio da liderança das igrejas, os imigrantes alemães criaram ampla estrutura de apoio ao processo escolar, salientando-se que ambas as confissões religiosas, luterana e católica, tinham sua Associação de Professores, seu Jornal/Revista do Professor, sua Escola Normal para a formação de professores e um Fundo de Pensão e Aposentadoria para os professores de ambas as confissões. Realizavam Assembleias Regionais e Locais de Professores, Semanas de Estudo e promoviam ampla produção de livros didáticos para suas escolas étnicas. Até o momento, foram localizados e fichados 140 títulos de livros escolares, havendo referências a outros, ainda não localizados. Toda esta estrutura de apoio ao processo escolar teve seu maior centro de concepção e produção no Rio Grande do Sul, onde estavam localizadas 1.041 das 1.579 escolas da imigração no Brasil.

Houve subsídio do governo alemão para escolas étnicas no Brasil, canalizado para as escolas urbanas, laicas. Nestas o currículo estava mais próximo ao da Alemanha. As escolas em núcleos rurais não mantiveram vinculação de currículo e material didático com a Alemanha e foram mantidas comunitariamente.

[47] A respeito, vejam-se especialmente Maysa Rodrigues (2009); Maria Rodrigues (2008); Bezerra (2007); Schimmelpfeng (2007); Vecchia (1998); Klug (1994) e Kreutz (1991).

b) Escolas da imigração italiana

Dependendo de sua região de proveniência da Itália, esse grupo de imigrantes tinha maior ou menor vinculação com o processo escolar. Não há registro de que nessa etnia houvesse ampla estrutura de apoio ao processo escolar.[48] Para as escolas dessa etnia, havia subsídio do governo italiano, especialmente para livros escolares.

Segundo Relatório do Ministério de Relações Exteriores da Itália, o ano de 1913 registra o maior número de escolas dessa etnia no Brasil, com a seguinte distribuição por estado: SP com 187, RS com 91, SC com 60, ES com 30, PR com 8, RJ com 7, MG com 6, PE com 4 e MT com 3. No total, eram 396 escolas. Na década de 1920, o número reduziu-se a menos da metade em São Paulo (de 187 para 87) e ainda aumentou no Rio Grande do Sul (de 91 para 123) e em Santa Catarina (de 60 para 83). Daí para frente, foram passando gradativamente para escolas públicas. Das 187 escolas étnicas italianas no estado de São Paulo, em 1913, 121 estavam sediadas na capital. Nos estados do Sul, predominavam as escolas de núcleos rurais. Isto significa que não se pode tratar o processo escolar de determinado grupo étnico em perspectiva de homogeneidade. Também é preciso ter presente que o número dessas escolas não é pacífico. Vejam-se esses dados, comparados com outros, no quadro a seguir:

---

[48] Em relação ao processo escolar dos imigrantes italianos, ver especialmente Luchese (2008); Trento (1989); Corrêa (2000); Destro (1994); Demartini (1998); Dallabrida (2003).

QUADRO 3 – Escolas primárias italianas no Brasil, na Argentina e nos Estados Unidos – 1908-1930

Est.	1908			1911			1913			1924			1930		
	Escola		aluno	Escola		Aluno	Escola		Aluno	Escola		Aluno	Escola		Aluno
	Estado	Capital		Estado	Capital		Estado	Capital		Estado	Capital		Estado	Capital	
RJ	3	2		7	4		7	3		4	4	901	2	2	101
ES	13			29			30			15					
MG	13			6	1		6	1		4	1	307	5	1	321
PR	9	2		8	1		8	1		7	1	708	7	2	708
PE	3	3		4	4		4	4		5	1	656	3	3	61
RS	47	4		91	4		91	4		123	5	4.085	38	6	3.686
SP	115	80		122	80		187	121		87	46	10.626	56	25	6.934
SC	33	1		33	1		60			83	3	1.627	56	5	2.010
MT	2			3	1		3	1							
PA										1	1	30			
BRA	232		13.656	303		16.295	396		23.323	329		18.940	167		13.821
ARG	59		6.644	71		6.801	87		9.393	82		13.301	90		21.691
EUA	80		8.044	98		17.395	97		20.340	146		37.734	112		28.550

Fonte: Ministério degli Affari Esteri, Annuario delle sevole italiane all'estero governatice e sussidiate (Roma, 1908, 1911, 1913, 1924, 1930; In: TRENTO, 1989, p. 182)

Os imigrantes italianos não criaram estrutura muito ampla de apoio às escolas étnicas e aderiram com mais facilidade ao processo escolar público.

c) Escolas da imigração polonesa

Pelos estudos de Wachowicz (1970) e Gardolinski (1977), sabemos que a maior parte dos imigrantes poloneses proveio de regiões ocupadas por potências estrangeiras (Rússia e Prússia) que haviam dificultado o processo escolar, de modo que elevado número imigrou sem ter escolaridade. Porém, no Brasil, uniram-se para organizar escolas com estrutura de apoio tanto para a formação de professores quanto para a produção de material didático. A formação de professores era realizada especialmente por meio de treinamentos intensivos em período de férias, estimulando-se a criação de bibliotecas volantes. Wachowicz relata que entre os imigrantes poloneses havia preocupação para manter os valores culturais, estimulando simultaneamente o desejo que os filhos aprendessem o português, inserindo-se ativamente no contexto brasileiro. Assim, das 167 escolas desta imigração, no Paraná, em 1937, 143 eram bilíngues.

QUADRO 4 – Escolas e professores da imigração polonesa em 1937

Estado	Escolas	Professores
Paraná	167	190
Rio Grande do Sul	128	114
Santa Catarina	51	36
Espírito Santo	2	2
São Paulo	1	2
Total	**349**	**344**

Fonte: Wachowicz (1970, p. 62, 65); Gardolinski (1977).

Em 1937 o número de escolas polonesas no Brasil era de 349, com a seguinte distribuição por estado: PR com 167 escolas; RS com 128; SC com 51; ES com duas e SP com uma. Também nesse grupo de imigrantes houve, a partir da década de 1920, o dilema entre a manutenção de escolas étnicas e o envio dos filhos às escolas públicas. Mas, como a maioria destas escolas se localizava em áreas rurais etnicamente homogêneas, prevaleciam as escolas étnicas com o apoio da Igreja Católica.

d) Escolas da imigração japonesa

A imigração japonesa para o Brasil iniciou-se em 1908 e seu processo escolar étnico diferenciou-se bastante daquele dos grupos dos imigrantes provindos da Europa.[49] Os japoneses fixaram-se especialmente no estado de São Paulo. Em torno de 90% eram alfabetizados. Tiveram pouco apoio do governo japonês para suas escolas. Empenharam-se em favor de escolas étnicas para assegurar língua e especificidades culturais de origem. Porém, tendo chegado apenas a partir de 1908, encontraram o estado de São Paulo em fase de grandes transformações socioeconômicas e debates sobre nacionalização do ensino, o que favoreceu a opção mais rápida pelas escolas públicas. A partir da década de 1930, o Departamento de Educação do Estado de São Paulo tornou obrigatório o registro das escolas japonesas como Escola Mista Rural, permitindo o ensino da língua japonesa como disciplina extracurricular, mas com

[49] A respeito, ver especialmente Handa (1987); Demartini (1998); Sociedade Brasileira de Cultura Japonesa (1992); Setoguti (1999).

o currículo regular em português. Neste período, 40% das escolas construídas pelos imigrantes japoneses haviam sido passados para a rede oficial. Já a partir de 1908 muitas famílias japonesas optavam pela escola pública.

QUADRO 5 – Escolas da imigração japonesa em 1932

Zonas de localização	Número de escolas	Número de alunos
São Paulo e subúrbio	10	618
Santos e Santos-Juquiá	10	364
Registro e vizinhança	10	427
E. F. Paulista	13	544
E. F. Santos-Jundiaí	5	120
E. F. Central do Brasil	3	140
E. F. Mojiana	0	0
E. F. Araraquara	6	181
E. F. Douradense	2	46
E. F. Sorocabana	36	1.760
E. F. Noroeste	83	4.669
Total	**178**	**8.869**

Fonte: Sociedade Brasileira de Cultura Japonesa (1992, p. 126).

Também há polêmica sobre o número de escolas étnicas japonesas. Em *Uma epopéia moderna* (SOCIEDADE BRASILEIRA DE CULTURA JAPONESA, 1992), afirma-se que ao todo foram 178 escolas, sendo 10 na capital e o restante em cidades menores e em núcleos rurais do estado de São Paulo. Há quem afirme que este número foi bem maior.

O TÉRMINO DAS ESCOLAS ÉTNICAS DOS IMIGRANTES NO BRASIL

Desde o início da imigração, alguns governantes manifestaram preocupação quanto às escolas étnicas, esbarrando, no entanto, na dificuldade de oferta de escolas públicas. A partir de 1900 começaram a ensaiar medidas preventivas de nacionalização, abrindo escolas públicas junto às dos imigrantes. O apelo à gratuidade do ensino e a possibilidade de os alunos aprenderem melhor o português foram atraindo famílias. Mas também foi motivo de forte oposição por parte das igrejas cristãs. E as tensões entre igrejas cristãs e governos dos estados, responsáveis pela educação elementar, foram crescentes, com peculiaridades de estado para estado.

No final da década de 1930, em contexto de acentuado nacionalismo e de conflitos internacionais, registra-se o final das escolas étnicas dos diversos grupos de imigrantes. O Governo começou a nacionalização compulsória destas escolas com legislação que as coibia. Em âmbito federal, o Governo publicou, em maio de 1938, o Decreto nº 406, ordenando que todo material didático usado nas escolas da imigração fosse em português, que todos os professores e diretores nestas escolas fossem brasileiros natos e proibia também o ensino de língua estrangeira a menores de 14 anos. Seguiram-se ainda os decretos de nacionalização nº 1.545, de 15/08/39, nº 1.006, de 10/12/1939, e nº 2.072, de 08/03/1940, impossibilitando o funcionamento das escolas étnicas. Nos estados com escolas étnicas, também foram aplicadas medidas e sanções, sendo que em alguns casos a nacionalização promovida pelo estado foi até mais drástica do que a do governo federal.[50]

---

[50] A respeito, vejam-se Fiori (2005); Renk (2005); Wachowicz (1970); Kreutz (2005) e Bezerra (2007).

No entanto, é fundamental assinalar que o processo escolar étnico não terminou exclusivamente em função das medidas compulsórias de nacionalização. Estas apressaram o processo, mas nesse período já havia bastante pressão por parte de muitos pais de alunos para poderem enviar seus filhos para a escola pública, com o objetivo de aprenderem melhor o português e se inserirem melhor na dinâmica nacional. Também o avanço nos meios de comunicação e de transporte foi quebrando o isolamento anterior dos núcleos rurais, abrindo caminho para transformações bastante profundas. As medidas de nacionalização apenas aceleraram o término das escolas dos imigrantes. Um processo de transformações bastante profundas nas localidades rurais povoadas por imigrantes já estava em curso, atingindo-as na sua estrutura básica.

Em síntese, talvez seja possível concluir que o processo escolar étnico de imigrantes significa uma iniciativa singular na história da educação brasileira. Foi uma tentativa de articulação da escola com as dimensões culturais e comunitárias dos grupos étnicos. Retrata a tensão constante entre a afirmação do processo identitário dos imigrantes, embasado em suas especificidades culturais. Retrata também a ausência inicial do Estado junto a esses imigrantes e a tentativa de uma presença mais marcante no contexto de formação do Estado Nacional. Representa ainda a presença das igrejas cristãs, Católica e Luterana, buscando seu espaço de afirmação contra o avanço do Estado laico. O processo escolar étnico-comunitário, no Brasil, significa uma manifestação *sui generis* de vinculação de escolas com as peculiaridades culturais de diferentes grupos de imigrantes. E isto não ocorreu em um vazio histórico-espacial. Sua manifestação se dava em meio ao entrechoque de interesses, implicando constantes movimentos de diálogo e de readequação ao novo contexto.

REFERÊNCIAS

BETANCOURT, Raúl-Fornet. Aprender a filosofar desde el diálogo de las culturas. *In*: CONGRESSO INTERNACIONAL DE FILOSOFIA INTERCULTURAL, 2. São Leopoldo: UNISINOS, 1997.

BEZERRA, Maria Cristina dos Santos. *Educação étnica*: a pluralidade das propostas educacionais de origem germânica no Estado de São Paulo. Tese (Doutorado em Educação) – Faculdade de Educação da UNICAMP, UNICAMP, Campinas, 2007.

BRUIT, Hector. *Acumulação capitalista na América Latina*. São Paulo: Brasiliense, 1982.

CARNEIRO, José Fernando. *Imigração e colonização no Brasil*. Rio de Janeiro: Universidade do Brasil, 1950.

CARNEIRO, José Fernando. O império e a colonização no sul do Brasil. *In: Fundamentos da cultura riograndense*. Porto Alegre: Faculdade de Filosofia, Universidade Federal do Rio Grande do Sul, 1960.

CORRÊA, Rosa Lydia Teixeira. *Conviver e sobreviver:* estratégias educacionais de imigrantes italianos (1880-1920). Tese (Doutorado em História) – São Paulo, Faculdade de Filosofia, Letras e Ciências Humanas, USP, 2000.

COSTA, M. E. Viotti da. *Da Monarquia à República*: momentos decisivos. São Paulo: Grijaldo, 1977.

DALLABRIDA, Norberto. *Mosaico de escolas:* modos de educação em Santa Catarina na Primeira República. Florianópolis: Cidade Futura, 2003.

DEMARTINI, Zeila de Brito Fabri. A educação entre famílias de imigrantes japoneses: elementos para a história da educação brasileira. *In*: CONGRESO IBERO-AMERICANO DE HISTÓRIA DE LA EDUCACIÓN LATINOAMERICANA, 4., Santiago, Chile, maio 1998. Texto apresentado.

DESTRO, Martha Rosa Pisani. *Memória, cultura e educação*: o imigrante italiano em São Paulo. Tese (Doutorado em Educação) – Faculdade de Educação da UNICAMP, UNICAMP, Campinas, 1994.

DIEGUES JR., Manuel. *Etnias e culturas no Brasil.* 5. ed. Rio de Janeiro: Civilização Brasileira, 1976.

ENGUITA, Mariano Fernandez. *Escuela y etnicidad*: el caso del pueblo gitano. Madrid: Pirâmide, 1996.

FÉLIX, José Luís. *As gramáticas dos imigrantes alemães para aprender português*: índices de brasilidade lingüística. Tese (Doutorado em Letras) – Faculdade de Filosofia, Ciências e Letras, São Paulo, 2004.

FIORI, Neide Almeida. A nacionalização do ensino em Santa Catarina: tempos de guerra e de controle político-cultural. *Fronteiras – Revista Catarinense de História*, n. 13, p. 105-120, 2005.

FURTADO, Celso. *Formação econômica do Brasil.* São Paulo: Nacional, 1972.

GARDOLINSKI, E. *Escolas da colonização polonesa no Rio Grande do Sul.* Caxias do Sul: Universidade de Caxias do Sul e Escola Superior de Teologia São Lourenço de Brindes, 1977.

HANDA, Tomoo. *O imigrante japonês*: histórias de sua vida no Brasil. São Paulo: T. A. Queiroz; Centro de Estudos Nipo-Brasileiros, 1987.

IANNI, Octávio. Aspectos políticos e econômicos da imigração italiana. *In*: *Imigração italiana*: estudos. Caxias do Sul: Universidade de Caxias do Sul; Escola Superior de Teologia São Lourenço de Brindes, 1979. p. 11-28.

JULIANO, Dolores. *Educación intercultural*: escuela y minorias étnicas. Madrid: Eudema, 1993.

KLUG, João. *Imigração e luteranismo em Santa Catarina*. Florianópolis: Papa-livro, 1994.

KREUTZ, Lúcio. A nacionalização do ensino no Rio Grande do Sul; medidas preventivas e repressivas. *Fronteiras – Revista Catarinense de História*, n. 13, p. 65-91, 2005.

KREUTZ, Lúcio. *O professor paroquial*: magistério e imigração alemã. Porto Alegre: Ed. UFRGS; Florianópolis: Ed. UFSC; Caxias do Sul: EDUSC, 1991.

LEHRERKA-LENDER. *Merk und Taschenbuch für Lehrer an deutschen Schulen in Brasilien*. São Leopoldo: Rotermund, 1931.

LUCHESE, Terciane. *O processo escolar entre imigrantes da Região Colonial Italiana do Rio Grande do Sul, 1875-1930* – Leggere, scrivere, calcolare per essere alcuno nella vita. Tese (Doutorado) – São Leopoldo, UNISINOS, 2008.

PETRONE, Maria Tereza Schorer. *O imigrante e a pequena propriedade*. São Paulo: Brasiliense, 1982.

PUJADAS, Joan Joseph. *Etnicidad*: identidad cultural en los pueblos. Madrid: EUDEMA, 1993.

RENK, Valquíria Elita. *A educação dos imigrantes alemães católicos de Curitiba*: 1896-1938: o estudo de caso do colégio Bom Jesus. Dissertação (Mestrado em História da Educação) Programa de Pós-Graduação em Educação, PUCPR, Curitiba, 2000.

RENK, Valquíria Elita. A nacionalização do ensino no Paraná. *Fronteiras – Revista Catarinense de História*, n. 13, p. 91-105, 2005.

RODRIGUES, Maria das Graças Duvanel. *A imigração alemã e a educação na Petrópolis-Colônia (1843-1860)*. Dissertação (Mestrado) – Faculdade de Educação, PUC Petrópolis, Petrópolis, 2008.

RODRIGUES, Maysa Gomes. *Educação de crianças filhas de imigrantes em Minas Gerais nas primeiras décadas republicanas (1888-1918)*. Tese (Doutorado em Educação) – Faculdade de Educação, Universidade Federal de Minas Gerais, Belo Horizonte, 2009.

SETOGUTI, Ruth Izumi. *A escolarização entre descendentes de japoneses no Brasil*: pontos para uma reflexão. Tese (Doutorado em Educação) – UNESP, São Paulo, 1999.

SKIDMORE, Thomas. *Preto no branco*: raça e nacionalidade do pensamento brasileiro. Rio de Janeiro: Paz e Terra, 1976.

SOCIEDADE BRASILEIRA DE CULTURA JAPONESA. *Uma epopéia moderna*: 80 anos da imigração japonesa no Brasil. São Paulo: HUCITEC, 1992.

SOUSA, Regina Maria Schimmelpfeng de. *A escola alemã de Curitiba*. Tese (Doutorado em Educação) – Faculdade de Educação da UFPR, Curitiba, 2007.

TRENTO, Ângelo. *Do outro lado do Atlântico*: um século de imigração italiana no Brasil. São Paulo: Nobel, 1989.

UNESCO. *Declaração Universal da UNESCO sobre a Diversidade Cultural*. Paris, 2 nov. 2001.

VECHIA, Ariclê. *Imigração e educação em Curitiba*, 1853-1889. Tese (Doutorado em História) – Faculdade de Filosofia, Letras e Ciências Humanas, USP, São Paulo, 1998.

WACHOWICZ, Ruy Cristovam. As escolas da colonização polonesa no Brasil. *In*: ANAIS DA COMUNIDADE BRASILEIRA-POLONESA. Curitiba: Superintendência do Centenário da imigração Polonesa no Paraná, 1970.

Informação bibliográfica deste texto conforme a NBR 6023:2002 da Associação Brasileira de Normas Técnicas (ABNT):
KREUTZ, Lúcio. Escolas de imigrantes no Brasil. *In*: FONSECA, Marcus Vinícius; SILVA, Carolina Mostaro Neves da; FERNANDES, Alexsandra Borges (Org.). *Relações étnico-raciais e educação no Brasil*. Belo Horizonte: Mazza, 2011. p. 183-210. ISBN 978-85-7160-545-9.

SOBRE OS AUTORES

MARCUS VINÍCIUS FONSECA (ORGANIZADOR) Graduado em Filosofia pela Pontifícia Universidade Católica de Minas Gerais (1994). Mestre em Educação pela Universidade Federal de Minas Gerais (2000). Doutor em Educação pela Universidade de São Paulo (2007). Pós-doutorado em Educação pela Universidade Federal de Minas Gerais (2009). Professor do Departamento de Educação da Universidade Federal de Ouro Preto e do Programa de Pós-graduação em Educação na mesma instituição. Autor de vários artigos e livros sobre o processo de escolarização da população negra no Brasil. Desenvolve pesquisas na área de história, história da educação e estudos culturais, tratando principalmente das questões relativas à escolarização da população negra.

CAROLINA MOSTARO NEVES DA SILVA (ORGANIZADORA) Graduada em História pela Universidade Federal de Minas Gerais e em Turismo pelo Centro Universitário Newton Paiva. Mestre em Educação pela Faculdade de Educação da UFMG, na linha de pesquisa História da Educação. Integrante dos projetos de pesquisa: "Pensar a Educação, pensar o Brasil (1822-2022)" e "Moderno, modernidade, modernização: a educação nos projetos de Brasil séc. XIX e XX", da Universidade Federal de Minas Gerais. Membro do Grupo de Pesquisa: Intelectuais da Educação Brasileira: Formação, Ideias e Ações, da USP. Atua principalmente nos seguintes temas: intelectuais, imprensa, república e educação.

ALEXSANDRA BORGES FERNANDES (ORGANIZADORA) Graduada em História pela FUNCESI (Fundação Comunitária de Ensino Superior de Itabira). Especialista em Estudos Africanos e Afro-Brasileiros (PUC Minas). Atualmente, trabalha na Faculdade de Educação da UFMG como bolsista CNPq de apoio técnico ao projeto Moderno, Modernidade, Modernização: a Educação nos Projetos de Brasil Séc. XIX e XX, da UFMG. É integrante dos projetos de pesquisa Pensar a Educação, Pensar o Brasil (1822-2022), Escolarização e Culturas Escolares em Minas Gerais (1820-1950) e membro do GEPHE – Grupo de Estudo e Pesquisa em História da Educação (FaE/UFMG) e HISTORIAR – Pesquisa, Ensino e Extensão em História da Educação(FaE/UFMG). Atualmente, pesquisa a Escola Normal de Sabará (1882-1904).

PETRONILHA BEATRIZ GONÇALVES E SILVA Professora da Universidade Federal de São Carlos (UFSCar). Pesquisadora do Núcleo de Estudos Afro-brasileiros/UFSCar. Coordenadora do Grupo Gestor do Programa de Ações Afirmativas da UFSCar. Graduada em Português e Francês pela Universidade Federal do Rio Grande do Sul (1964). Mestre em Educação pela Universidade Federal do Rio Grande do Sul (1979) e Doutora em Ciências Humanas – Educação pela mesma universidade (1987). Especialização em Planejamento e Administração da Educação pelo Instituto Internacional de Planejamento da UNESCO, em Paris (1977). Estágio de Pós-Doutorado em Teoria da Educação, na University of South Africa, em Pretória, África do Sul (1996). Ex-conselheira da Câmara de Educação Superior do Conselho Nacional de Educação (mandato 2002-2006). Nesta condição, foi relatora do Parecer CNE/CP nº 3/2004, que estabelece as Diretrizes Curriculares Nacionais para a Educação das Relações Étnico-Raciais e para o Ensino de História e Cultura Afro-Brasileira e Africana, e participou da relatoria do Parecer CNE/CP nº 3/2005, relativo às Diretrizes Curriculares Nacionais para o Curso de Pedagogia.

NILMA LINO GOMES Graduada em Pedagogia pela Universidade Federal de Minas Gerais (1988). Mestre em Educação pela Universidade Federal de Minas Gerais (1994). Doutora em Ciências Sociais (Antropologia Social) pela Universidade de São Paulo (2002). Pós-doutorado em

Sociologia pela Universidade de Coimbra – Portugal (2006). Professora adjunta do Departamento de Administração Escolar da Universidade Federal de Minas Gerais. Bolsista de Produtividade/CNPq. Coordenadora-geral do Programa Ações Afirmativas, na UFMG, e do NERA – Núcleo de Estudos e Pesquisas sobre Relações Raciais e Ações Afirmativas. Experiência na área de Educação e Antropologia, com ênfase em Antropologia Urbana, atuando principalmente nos seguintes temas: organização escolar, formação de professores para a diversidade étnico-racial, movimentos sociais e educação, relações raciais, diversidade cultural e gênero.

LUIZ ALBERTO OLIVEIRA GONÇALVES Mestre em Educação pela Universidade Federal de Minas Gerais (1985). Doutor em Sociologia pela École des Hautes Études en Sciences Sociales (1994). Pós-doutorado em Educação pela Universidade de São Paulo (2006). Professor Associado da Universidade Federal de Minas Gerais. Consultor Técnico da Fundação de Amparo à Pesquisa do Estado de São Paulo. Membro do comitê técnico do Programa Bolsa da Fundação Carlos Chagas. Experiência na área de Educação, com ênfase em Fundamentos da Educação. Atua, principalmente, nos seguintes temas: movimento negro e racismo.

RUBEN CAIXETA DE QUEIROZ Graduado em Ciências Sociais pela Universidade Federal de Minas Gerais (1987). Mestre em Antropologia Social pela UNICAMP (1992). Doutor em Letras e Ciências Humanas pela Universidade de Paris X, Nanterre (1998). Professor Adjunto 4 da Universidade Federal de Minas Gerais, onde coordena o Laboratório de Etnologia e do Filme Etnográfico e o projeto de pesquisa "Norte Amazônico: etnologia e arqueologia na calha do rio Trombetas e na região das Guianas". Ex-membro da comissão que criou o Programa de Acesso e Permanência do Estudante Indígena na UFMG. Ex-membro das comissões que criaram os cursos de graduação e pós-graduação em Antropologia da UFMG. Ex-coordenador (2006-2008) do Programa de Pós-Graduação em Antropologia da UFMG. Experiência na área de Antropologia, com ênfase em Etnologia Indígena, atuando principalmente nos seguintes temas: etnologia, filme etnográfico e Amazônia.

LÚCIO KREUTZ Graduado em Filosofia pela Faculdade de Filosofia Imaculada Conceição de Viamão (1966). Graduado em Pedagogia pela Faculdade de Filosofia Imaculada Conceição de Viamão (1967). Mestre em Educação pelo Instituto de Estudos Avançados em Educação da Fundação Getulio Vargas do Rio de Janeiro (1979). Doutor em Educação pela Pontifícia Universidade Católica de São Paulo (1985). Professor e pesquisador da Universidade de Caxias do Sul (UCS). Pesquisador com bolsa PQ e consultor *ad hoc* em educação no Conselho Nacional de Desenvolvimento Científico e Tecnológico (CNPq). Membro do Comitê Assessor de Educação e Psicologia da FAPERGS e do Instituto Histórico de São Leopoldo. Associado da Sociedade Brasileira de História da Educação (SBHE) e da Associação Sul-Rio-Grandense de Pesquisadores em História da Educação (ASPHE). Experiência na área de Educação, com ênfase em História da Educação, desenvolvendo trabalhos nos seguintes temas: história da educação, processo escolar na imigração alemã e italiana, etnia e educação.

O Projeto **Pensar a Educação, Pensar o Brasil (1822-2022)** tem como objetivo fundamental tomar a escola pública como tema de reflexão coletiva, construindo canais de aproximação entre pesquisadores e sociedade. O objetivo central é concentrar esforços para a construção de espaços que possibilitem a circulação de ideias que possam fomentar um debate amplo e contínuo sobre os desafios da educação brasileira durante o processo de construção e consolidação do Brasil como nação.

A Coleção **Pensar a Educação, Pensar o Brasil** é fruto de uma parceria entra a Mazza Edições e o Projeto **Pensar a Educação, Pensar o Brasil – 1822/2022**. Este Projeto, desenvolvido em parceria por docentes e discentes da PUC-Minas, da UFOP, da UFMG e da UEMG, envolve ações de ensino, pesquisa e extensão que buscam refletir sobre o lugar da educação no âmbito dos projetos de Brasil delineados ao longo de nossa história. Fazem parte do Projeto um *Programa de Rádio*, levado ao ar toda semana na Rádio UFMG Educativa, *Seminários Anuais* sobre temas relevantes para a educação Brasileira e a presente *Coleção*.

Integram a Coleção, três séries: *Série* ***Seminários****, Série* ***Estudos Históricos*** *e Série* ***Clássicos da Educação Brasileira****.*

A Série **Seminários** publica os textos apresentados nos Seminários Anuais do Projeto, dos quais participam os mais importantes pesquisadores em educação do país. A Série **Estudos Históricos** publica trabalhos de história da educação e de áreas afins que contribuam para alargar o entendimento sobre lugar da educação no âmbito dos projetos de Brasil delineados ao longo de nossa história. A Série **Clássicos da Educação Brasileira** traz resenhas introdutórias às principais obras sobre educação brasileira publicadas no Brasil elaboradas pelos principais pesquisadores em educação do país.

O objetivo da Mazza Edições e do Projeto **Pensar a Educação, Pensar o Brasil – 1822/2022**, é que a Coleção contribua para a discussão da educação brasileira e, por meio desta, da constituição da própria sociedade brasileira.

Este livro foi composto em Minion Pro Cond e impresso

em papel Offset 75 g/m² (miolo) e Cartão 250 g/m²

(capa), no mês de outubro de dois mil e onze.